算数科

松田翔伍 著

7つの姿

（主体的に学習に
取り組む態度を評価する）

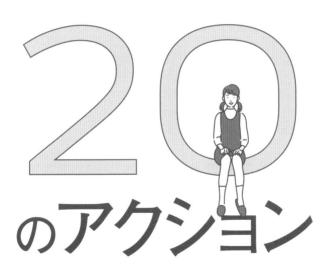

20のアクション

東洋館出版社

算数科
主体的に学習に取り組む態度を評価する
7つの姿　20のアクション

はじめに

評価なくして、授業にあらず

「評価に困っています！」

　経験年数の少ない同僚の先生と話をしていると、よく耳にする悩みです。

　評価の方法がわからない。自分がした評価に自信がもてない。その気持ちにとても共感できます。正直に告白すると、私は、授業と評価を全くの別物と考えていました。評価は、成績を付けるために行うものと考えていたのです。

　でも、それは大きな間違いでした。

　評価の本来の目的を知ると、授業技術のレベルも一段とアップします。なぜなら、評価は子どもの学びを促進し、授業を改善するために行われるものだと知ることで、何を教えるのかが明確になり、指導の精度が上がるからです。

　今では、授業という営みの中に、評価があると考えるようになりました。

　評価なくして、授業にあらず

なのです。

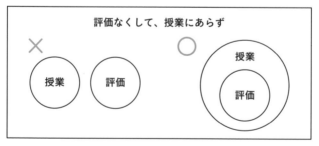

「授業」と「評価」の関係のイメージ

　評価に自信がない先生は、経験年数の有無に限らず多くいます。

　よかったら、私と評価について考えていきませんか？

「主体的に学習に取り組む態度」ってどう評価するの？

　自己紹介が遅れました。みなさん、はじめまして、松田翔伍（まつだしょうご）と申します。私は、大学を卒業した後すぐに大学院に入り、2年間算数教育の研究をしていました。その後、小学校で勤め始め10年ほど現場で働きながら算数の研究を続けてきました。

　そのため、同僚や仲間の先生たちから、算数に関する質問を受けることが多くあります。ありがたいことです。

　たとえば、学期末。通知表を作成する時期になると、多く受ける質問があります。それが以下の質問です。

算数で「主体的に学習に取り組む態度」ってどう評価するの？

　同じ悩みを抱えている先生たちは、どうやら多くいるようでした。

　この悩みに耳を傾けてみると、多くの方が「主体的に学習に取り組む態度」についての評定として、「◎・○・△」の付け方に困っていることがわかりました。先生の責任が第三者（保護者や管理職など）から問われやすいので、困り感も大きいのだと思います。

　そして、評価に自信のもてなかった私が特に悩んできたのも、この「主体的に学習に取り組む態度」の評価でした。

　この悩みの根本的な要因は、どこにあるのでしょうか。

　その要因は、子どもたちに算数の学習でどんな「主体的に学習に取り組む態度」を身につけさせたいのかという目標を、私たちが具体的に言葉にできていないことだと考えます。

　「いやいや。『小学校学習指導要領（平成29年告示）解説 算数編』を読めば書かれているじゃないか！」

　そんな反論もあるでしょう。しかし、解説に書かれた言葉は、私にとっては抽象的なものに感じられたのです。授業や単元を構想する段階では、より具体的な子どもの姿をイメージすることが、深い学びの実現のために欠かせません。

抽象的な目標のままでは、目標が定まっていないということと同じです。

　私は登山が趣味ですが、日本一の富士山に登って景色を楽しみたいのか、自然豊かな八ヶ岳に登って心を癒したいのか、目標が定まっていなければ達成感や充実感を十分に味わうことはできません。

　主体的に学習に取り組む態度を評価するときも同じです。

　目標を具体的に言葉にすることができていないので、評価の方法がわからず、評価をする方もされる方も達成感や充実感を味わえないのだと思います。

　では、目指すべき目標をどのようにして言葉にしていけばよいのでしょうか。

目標を言葉にする試み

　私たちが、目標を言葉にしようとするとき、文部科学省から示されている資料を読んだり、研修に参加したりすることで、これからの社会に求められている子ども像を明確にしていきます。

　たとえば、「学習評価の在り方ハンドブック」（国立教育政策研究所教育課程研究センター、2019）には、主体的に学習する態度の2つの側面として「粘り強さ」と「自己調整」というキーワードが示されています。

　「粘り強さ」は具体的な子どもの姿を思い浮かべることが比較的簡単です。

　その一方で、「自己調整」は、なんだか難しい言葉だと思われたことでしょう。「自己調整」とは、「自らの学習状況を把握し、学習の進め方について試行錯誤するなどの意思的な側面」のことです。

　「自己調整」という言葉について、職場や研究仲間と何度も議論をしました。それでも、なかなかはっきりとした言葉で説明することができず、もやもやした時期を長く過ごしました。「自己調整」という言葉の抽象度の高さが、主体的に学習に取り組む態度をイメージする壁になっていたのだと思います。

　そこで、逆の発想をしてみることにしました。普段の算数の授業の具体的な子どもの様子から、主体的に学んでいる姿を言葉にしてみることにしたのです。すると、あることに気づきました。

　主体的に学習に取り組む態度は、数学的活動を自ら遂行している姿

に他ならないということ。そして、

　主体的に学習に取り組む態度は、7つの姿に分けて捉えることができる

ということです。

　このように考えることで、ぼんやりとした目標が明瞭になりました。

　そして、主体的に学習に取り組む態度を、自信をもって評価することができるようになってきたのです。

　本書は、「算数科の主体的に学習に取り組む態度の評価が、多くの先生にとって自信をもって行えるようになること」を目指した本です。評価の現場で生まれたアイデアを基に、次のような構成で書きました。

　第1章では、評価の基本的な考え方について述べていきます。また、私が提案する7つの姿について説明します。「主体的に学習に取り組む態度」以外の評価に当てはまることも述べているので、評価について初めて学ぶという方は、こちらからぜひお読みください。

　第2章では、7つの姿を具体的に紹介していきます。どんな姿を引き出し、どこを見取るとよいかを明確にします。7つの姿から、目標を具体化しました。本書の主張の中心です。

　第3章では、評価の方法を「20のアクション」にまとめました。すぐに取り入れることができる方法ばかりです。みなさんがご実践されていることも、7つの姿という視点で見ると、新鮮に感じることができると思います。

　評価の前に、指導があります。指導と評価の一体化です。第4章では、「主体的に学習に取り組む態度を育てる授業実践」と、実際の評価活動についてまとめました。どんな指導があって、どのように評価したのかをできるだけ具体的に書くように努めました。

　評価が変われば、授業が変わります。

　本書を通して、少しでも評価にお困りの先生のお力になれたら幸いです。

目次

第 1 章

主体的に学習に取り組む態度の評価について

評価と評定って何ですか？

私の苦い思い出

「評価と評定のちがいがわかりますか？」

　私が教員になって2年目。先輩から上のように問われ、答えられなかったという苦い思い出があります。通知表やあゆみなどを作成する学期末や学年末に、記録に残す評価ができておらず、「評価が足りない」と焦り、学年主任の先生に「どのように評価を取ればいいですか」と尋ねたこともあります。

　過去の私は、子どもたちの最終的な学習の到達度を示すことだけが評価だと、間違えて捉えていたのです。

　評価の機能は、主に次の3種類に区分されます。

評価の目的と機能

診断的評価	学習の前提となる学力や生活経験の実態や有無を調べるために、学習開始より前に行われる評価
形成的評価	先生にとっては指導の反省として、子どもにとっては学習の見通しを得るために、授業の過程で行われる評価
総括的評価	単元末や学期末に最終的な到達度を測るために実施される評価

西岡加名恵・石井英真編（2021）『教育評価重要用語事典』（明治図書出版）を基に筆者作成

　私は、評価＝総括的評価だと考えていました。それぞれの機能の目的は異なりますが、共通する目的は、子どもの学びを促進させるということです。評価によって、子どもに優劣をつけるのではなく、評価によって子どもがより一層学びに向かえるようになる。そのような評価が理想です。

根拠集めで心が疲弊する

　このような苦い思い出もあります。

　ある年の個人懇談会のことです。

　保護者の方に、学習場面で見られたお子さんのよいところをとにかくたくさん伝えました。

　そして、夏休み直前の１学期の終了式。その子に通知表を渡しました。

　その日の午後、保護者の方から次のようなお電話をいただきました。

　「通知表を見て、我が子が泣いています」。算数の評定がお子さんの想像していた以上に悪かったことが原因でした。私は、どうしてそのような総括的評価をしたのか説明を試みました。そのときの私の言葉は、たどたどしく、具体性に欠けていたことを今でも覚えています。

　私が個人懇談会で伝えたその子の学習に対する評価と、実際の総括的評価、そして、その子の自己評価の間にずれが起きていました。

　評価を行う上で大切なことは、子どもと保護者の納得感だ

ということを学んだ経験です。

　苦い経験をした私は、尊敬する年配の先生に相談しました。よく授業を見に行かせてもらっては、いろいろな指導技術を教えてくれた先生でした。その先生の評価の累積手簿を見せてもらったことがあります。

　そこには、ぎっしりと「◎・○・△」が記されていました。その先生がおっしゃるには、「評価は量が多い方が、説得力が増す」とのことでした。

　それからの私は、ありとあらゆる場面で評価をし、名簿に記録をしていきました。

　とにかくたくさんの根拠を集めなくてはいけない。

　子どもが納得できる評価をしなければならない。

　退勤時間も遅くなりました。私の心は次第に疲弊していきました。その時期の評価をしているときの子どもに対する眼差しは、冷たいものになっていたように思います。子どもに「◎・○・△」を付けるだけですから、当然でしょう。

　たしかに、量があると説得力が増す気がします。

　これは、形成的評価と総括的評価の機能を意識せずに評価していたために起きてしまった失敗です。

私の評価における失敗は、次の通りでした。

・子どもの納得感がない評価になっていた
・評価の機能を意識していないため、無計画にたくさん記録を取っていた

まだまだあるよく聞く失敗

さて、本書で焦点を当てるのは、「主体的に学習に取り組む態度」の評価です。これにまつわる失敗は、評価の観点名が「関心・意欲・態度」だった頃から私の周りでもよく見られました。

たとえば、次のような方法で、総括的評価を行っていると聞いたことがあります。

・真面目に取り組んでいるかどうか
・挙手や発言の回数が多いか
・授業中のつぶやきがあるか
・学習感想をたくさん書いているか

はじめの方法は、「態度」という言葉の一般的な用法から編み出された方法でしょうか。これは、印象に過ぎませんし、人格そのものの評価になりそうだという点で、とても危険な方法です。

いずれの方法も不十分であることは、前出の「学習評価の在り方のハンドブック」の普及によりかなり周知されたと思います。

しかし、まだまだ「主体的に学習に取り組む態度」の評価については、2つの「かく」に頼っている方が多くいるように思います。2つの「かく」とは、教師の感覚（かん**かく**）と子どもが書く（**かく**）もののことです。

「教師の勘は、当たる」という言葉をどこかで聞いたことがあります。何時間も一緒に学んで、曲がりなりにも子どもの姿を見取っているのですから、あながち間違いではないとも思います。

そもそも、評価は教師の主観が入りやすい営みです。ですから、挙手や発言

の回数、つぶやきなどの話し言葉ではなく、学習感想などの子どもが書いたものを評価の対象にしているのでしょう。

ここで、衝撃的だった子どもの言葉を紹介します。

「前の担任の先生は、学習感想で『関心・意欲・態度』を評価していた。だけど、学習感想を書く意味がわからなかったし、たくさん書かないといけないから苦痛でした」

子どもが書いたものに頼りすぎると、子どもの心も疲弊していくことがあります。

評価のものさしがばらばら

最後に、こんな失敗もあります。

「主体的に学習に取り組む態度」の評価では、同じ子どもの状態を見ても、評価者によって「おおむね満足できる状態」なのか「十分満足できる状態なのか」という判断が変わることがあるようです。個々の教師の評価のものさしがちがえば、評価の結果が変わってしまいます。これでは、公平な評価とは言えません。

このように、私たちはたくさんの失敗を経験してきました。

いずれも、評価の目的や機能、そして、評価の方法について無知だったために起きてしまった失敗です。

そこで、本書のテーマに迫る前に、まずは評価の基本的な考え方について整理していきたいと思います。

そもそも評価とは？

評価を料理で例えると

　この項では、評価についての基本的な考え方を述べていきます。

　突然ですが、あなたが料理研究家になったとします。おいしい料理をつくって、みんなに届けようと思っています。料理をつくるときには、まず材料の状態を確認します。食材の状態を見取って、どんな料理にしようか考えます。

　調理がスタート。味付けをしたら、味見をします。どうやら、甘みが足りないようですので、少し砂糖を加えることにしました。

　そして、おいしい料理が完成しました。みんなに食べてもらいます。

　さて、料理研究家の調理を例に、教師が行う評価の３つの機能とその成果を説明してみます。

　材料の状態確認は、診断的評価です。おいしい料理になることを目指して、材料の状態をチェックします。教室に置き換えて考えてみると、学習をする前に生活経験があるかないかなどを見ることです。素材の味を生かしてつくる料理を決めていくように、教師は、診断的評価で子どもの状態を把握して、どんなところを伸ばしていきたいか考えます。

　味見は、形成的評価です。料理の途中で、目標とする味にどれだけ近づいているかを把握し、調理の仕方を改善します。学習では、子どもの状態を見取り、価値を見つけ、すぐに子どもにフィードバックします。また、子どもが目標に迫れていないということは、授業に改善点があるということなので、教師は授業の改善を行います。ちなみに、指導は味付けです。味見の前には、味付けがある。評価の前には、必ず指導があるということと同じです。

　そして、おいしい料理が完成し、いざ実食。実食は、総括的評価。最終的な到達度を測ります。目標とする味になったでしょうか。おいしくなっていなければ、料理研究家はさらに調理の改善が求められます。学習も同様に、目標に到達していなければ、今後の授業を改善していきます。

　料理研究家は、おいしい料理を多くの人に知ってもらうために、みんなに説

明する必要があります。教師が指導の過程と総括的評価の結果について、どのように指導と評価をしたのか説明するのと同じです。

　「材料の状態確認＝診断的評価」「味見＝形成的評価」「実食＝総括的評価」は、それぞれの機能を知ってバランスよく取り入れることで、評価の根拠集めに疲れてしまうこともなくなります。

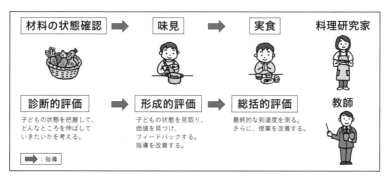

評価を料理で例えると

　「評価」という言葉は、よく使われています。しかし、「診断的」「形成的」「総括的」という言葉を使い分けていないことの方が多いです。

　このように、用語のあいまいな使われ方が、評価を難しいと感じる原因の1つになっているのではないでしょうか。

　そこで、本書では、「評価」と表記するときは、この3つすべてを指すことにします。また、評価の前に付く「診断的」「形成的」「総括的」を明示するようにします。

見取り　評価　評定

　先ほどの言葉以外にも、あいまいに使われている言葉があります。

　たとえば、「見取り」です。

見取りとは、子どもの状態を教師が認識すること

　「ノートに自分の考えを書くことができている」「この問題を正しく解くこと

ができている」などと、私たちが見たり聞いたりして認識しているとき、その姿を「見取っている」ということになります。

　私たちは見えるものに対してのみ、評価を行うことができます。学習面でも、生活面でも、子どもの姿を見取り、その姿を自分なりに解釈することから教育が始まります。しかし、私たち教師も一人の人間です。大勢の子どもが学んでいる様子を、ただ闇雲に見取っていては、情報過多となり、結局何も見取れないということが起きます。

　そこで、指導の目標を立て、指導や学習の改善に役立てていくために、見るべきものを定めます。

見取る的を絞ったものが、評価

　たとえば、「ノートに自分の考えを書くことができている」という的をさらに絞り、「ノートに位の箱を描いて、単位の考えを使って考えているかどうか」を見取ります。すると、その子の学習の進み具合がわかります。既習内容を使えている子が多ければ、そのまま授業を進めていけばよいかもしれません。もしも、想定よりも既習内容を使えている子どもが少なければ、全体の話し合いに戻して、ヒントを出し合いながら進めていく方法に、授業の舵をとることができます。これが指導の改善につながります。また、目標に達成したかどうかを判断することも可能になります。

評価したものの中から最終的な到達度を正式に記録に残して、◎・○・△と判定したものが評定

　総括的評価をして、評定を出すというのが、正しい用語の使い方です。評定を行う際には、必ず、教師が指導したことを評価する必要があります。

　以上のように、評価に関わる言葉は、あいまいであったり、使う人によって捉え方がばらばらだったりするように感じます。

　全国すべての先生で言葉の意味の共通理解を得ることは難しいでしょう。しかし、意味があいまいだと知り、そこに注意を払いながら対話をしていく姿勢

をもつことが、評価について議論していく上で重要なことなのです。

授業観と評価の過程

　私は、子どもに直接算数を教え込むのではなく、数学的な見方・考え方や、主体的に学習に取り組む態度を子どもから引き出して、その姿の中から価値を見つけていきたいという授業観をもっています。このような授業観に基づいて行われる評価は、次のような局面があると考えています。

> 的を絞る→引き出す→見取る→価値を見つける
> 　　　　　→フィードバックする→指導の改善をする

　まず、子どもからどんな数学的な見方・考え方や態度を育てたいか、見取るべき的を絞ります。そして、子どもからそれらを引き出します。ここまでの局面は、評価というよりも指導です。

　次に、引き出したものを見取ります。そして、見取ったものの中から、教師が価値を見つけます。「価値を見つける」という言葉は、本書では、「教師が見取ったものに対して、その価値を定めること」と考えます。教師の頭の中で、よいのか不十分なのかを判断している局面です。「フィードバック」は、見つけた価値を子どもに伝えていくことです。

　そして、引き出したい姿を引き出せなかったとき。見つけた価値が目標に届かなかったとき。そのときこそが指導の改善をするタイミングです。これが、指導と評価の一体化だと私は考えます。

　ここまで用語の整理を行ってきました。では、「主体的に学習に取り組む態度」の評価の難しさに迫り、なぜ困っている人が多いのか明らかにしていきます。

算数科で育てたい「主体的に学習に取り組む態度」とは？

「主体的に学習に取り組む態度」の評価が、なぜ難しいか

結論から述べると、見るべきもの（下図のブルーの部分）がぼやけていたことが難しさの原因です。先ほど言葉の意味を整理した「見取り」「評価」「評定」の中の、「評価」「評定」に該当する部分です。評価の流れにおける、見るべき姿の「的を絞る」ことができていないのです。

的を絞るためには、目標を具体的に言葉にする必要があります。

なぜ、言葉にすることが難しいのでしょうか。

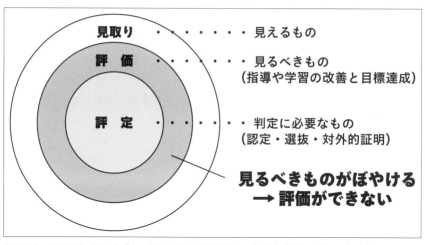

石井英真・鈴木秀幸（2021）『ヤマ場をおさえる学習評価』（図書文化社）を基に一部改変

見るべき姿がぼやける原因　その1：キーワードの存在

主体的に学習に取り組む態度について、見るべき姿がぼやける原因の1つが、「粘り強さ」と「自己調整」というキーワードの存在です。

ここで、学習指導要領に記された算数科の主体的に学習に取り組む態度の目

標を見てみましょう。

> 　数学的な見方・考え方を働かせ、数学的活動を通して、数学的に考える
> 資質・能力を次のとおり育成することを目指す。
>
> （中略）
>
> （3）数学的活動の楽しさや数学のよさに気付き、学習を振り返ってよ
> 　　　りよく問題解決しようとする態度、算数で学んだことを生活や学
> 　　　習に活用しようとする態度を養う。
>
> 「小学校学習指導要領（平成 29 年告示）解説　算数編」（P.21）から引用

　この目標の中に、「粘り強さ」と「自己調整」という言葉はありません。

　算数科だけではなく、他の教科の目標についても学習指導要領で示されている「主体的に学習に取り組む態度」の資質・能力に、2 つのキーワードは出てきていません。

　私は「粘り強さや自己調整は目標のどの部分を指しているの？」という疑問が沸き、長い間混乱してしまいました。

　言葉の不一致が、（少なくとも私一人の）わからなさを生んでいたのです。

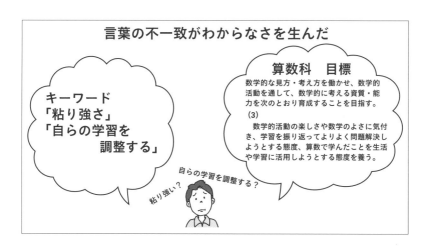

見るべき姿がぼやける原因　その2：態度は見えにくく、消えてしまいがち

　態度は目に見えにくいものです。さらに、すぐに消えてしまいがちです。

　目に見えやすく、残るものは、ペーパーテストや日々の算数のノートなどに書かれた思考過程。そこから評価しやすいと考えられているのが、知識・技能や思考・判断・表現です。「できる」「できない」がはっきりする算数科ならではの傾向です。一方で、「主体的に学習する態度」は、意思的な側面を見取ります。算数に取り組む姿を見取り、その子の内面を想像しなくてはなりません。

　評価は、必ず見えるものを根拠にしています。そうでなければ、信頼性や妥当性のないものになってしまいます。目に見えない「主体的に学習に取り組む態度」を、目に見えるもので評価していくからこそ、難しいのでしょう。

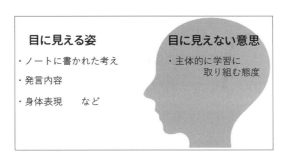

目に見える姿
・ノートに書かれた考え
・発言内容
・身体表現　　など

目に見えない意思
・主体的に学習に取り組む態度

目に見えないものと目に見えるもの

子どもの姿から考えてみると

　そこで、目に見える子どもの姿から主体的に学習に取り組む、望ましい態度について考えてみることにしました。

　本来であれば、目標から単元のねらいを定めるのですが、反対に、主体的に学ぶ子どもの姿から算数で身につけるべき態度を言葉にしてみたのです。

　5年「変わり方」の授業が終わった直後、ある子が休み時間にも関わらず、自分がつくった問題に取り組んで手を止めようとしません。正方形を階段のように1段、2段、…と並べていったときの、辺の数や周りの長さの増え方に着目してきまりを見つける授業でした。教科書には類題として、正方形を三角形に変えて並べていく問題が載っています。その子は、正方形を三角形に変えるだけではなく、形を正六角形に変えてきまりを見つけようと追究していました。

　5年「円と正多角形」の学習の場面です。ある子が学級の仲間に、円に内接した正六角形の周りの長さが、円の直径の3倍になることを説明していました。耳を傾けてみると、相手に伝わったかどうか確認しながら、表現方法を変えて繰り返し説明しています。はじめは、仲間のノートに書かれた図を基に説明しましたが、なかなか納得してもらえない。そこで、その子は自分のノートを持ち出して、どこが等しいのか印を付けながら説明していました。

　このように、算数で身につけるべき態度を言葉にしていくうちに、算数で教えたい望ましい態度について、あることに気がつきました。
　それは、

　主体的に学習に取り組む姿は、数学的活動を自ら遂行している姿である

ということです。

数学的活動は算数の望ましい学びの進め方

数学的活動について

　数学的活動とは、算数・数学の学習過程であり、「事象を数理的に捉え、数学の問題を見いだし、問題を自立的、協働的に解決し、解決過程を振り返って概念を形成したり体系化したりする過程」です。

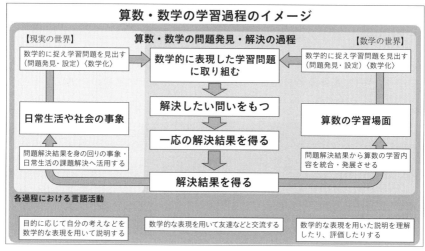

数学的活動の流れ（小学校学習指導要領解説算数編を基に筆者作成）

　前項で正方形を正六角形に変えたあの子は、統合的・発展的に考えていました。仲間に説明していたあの子は、自ら数学的な表現を用いて仲間と交流していました。

　このように、見いだした望ましい姿が、数学的活動のどこかの段階にぴったり当てはまっていったのです。

　さて、「自己調整」、すなわち、「自らの学習を調整しようとする側面」とは、前掲の「学習評価の在り方ハンドブック」によれば次の通りです。

> 自らの学習状況を把握し、**学習の進め方**について試行錯誤するなどの意思的な側面

　改めてよく見てみると、「学習の進め方」という言葉があることに気づきます。数学的活動は、「算数の学習の進め方」を表しています。どちらも「学習の進め方」を指す言葉なのです。

　私にとって、この２つの言葉のつながりは大きな発見でした。つまり、

> 算数の学習における自己調整は、自らの学習状況を把握し、**数学的活動**について試行錯誤するなどの意思的な側面である

　このように捉えることができるのです。算数には算数の学び方があります。その学び方こそ、数学的活動です。

どんな「学びのコンパス」を授けるか

　「自己調整」は、「学びのコンパス」というイメージです。学習のゴールに向かうために、どのように行動すればよいかを指し示してくれる指針のようなものだからです。

　算数の学習のゴールは、問題を解けるようになることだけではありません。既習の学習内容を使って新しい知識を発見・創造したり、日常生活をよりよくしたりする能力を身につけることも含まれます。

　学習のゴールに向かうために必要な「学びのコンパス」を子どもたちに授けることが、主体的に学習に取り組む態度を育てるということです。

　たとえば、正方形で変わり方のきまりを見つけたら、そこで終わりにするのではなく、形を三角形や六角形に変えてきまりを見つけられないかと考える態度を身につけてほしい。

　また、わからなくて困っている仲間がいれば、表現方法を変えながら相手のわかり具合に応じて説明しようとする態度を身につけてほしい。

そんな思いや願いをもち、どのように行動するとよいのかという望ましい態度を子どもたちに身につけさせることを目指すとよいのです。

7つの姿に分けるというアイデア

「主体的に学習に取り組む態度＝数学的活動を自ら遂行しようとする態度」と読み替えただけでは、実際の評価にはまだ役に立ちません。何を見取るべきか的を絞り切れていないからです。

そこで、私は、的を絞るために、数学的活動を因数分解してみようと思いつきました。

数学的活動は「事象を数理的に捉える」→「数学の問題を見いだす」→「問いをもつ」→「一応の解決結果を得る」→……といった段階を踏んでいきます。先ほど見いだした主体的に学習する望ましい姿は、それぞれの段階で見られます。これを学習指導要領に書かれている目標の文言と照らし合わせながら見ていくと、主体的に学習に取り組む姿は7つの姿に分けて捉えることができるのではないか、という仮説を導きました。

早速、7つの姿という視点を使って、目標を言葉にしてみました。詳しくは、後ほど述べていきますが、7つの姿に分けた結果、見取るべき的を絞ることができるようになりました。それに加えて、様々なメリットを感じるようになりました。

そして、今現在、目の前の子どもたちと日々授業する中で、どんな姿を育てていきたいか、はっきりとしたイメージをもつことができるようになってきました。7つの姿には、それぞれ見取りのポイントがあることもわかってきました。

こうして、「主体的に学習に取り組む7つの姿」が誕生しました。

算数の学び方と主体的に学習に取り組む7つの姿

⑦ 数学的活動の楽しさを味わう姿

【現実の世界】　　　　　　　　　　　　　　　　　　【数学の世界】

| 数学的に捉え学習問題を見出す（問題発見・設定）〈数学化〉 | → | **数学的に表現した学習問題に取り組む** **① 問い続ける姿** | ← | 数学的に捉え学習問題を見出す（問題発見・設定）〈数学化〉 |

| **日常生活や社会の事象** | **解決したい問いをもつ** | **算数の学習場面** |

| 問題解決結果を身の回りの事象・日常生活の課題解決へ活用する | **一応の解決結果を得る** **② 数学のよさに気づく姿** | 問題解決結果から算数の学習内容を統合・発展させる |

⑥ 日常生活に活用しようとする姿　　　　　　　⑤ 学習に活用しようとする姿

解決結果を得る

各過程における言語活動

③ **多様な表現で考えたり説明したりする姿**　　④ **多面的・批判的に分析し判断しようとする姿**

| 目的に応じて自分の考えなどを数学的な表現を用いて説明する | 数学的な表現を用いて友達などと交流する | 数学的な表現を用いた説明を理解したり、評価したりする |

主体的に学習に取り組む
7つの姿

7つの姿

数学的活動を遂行する姿を7つの姿に分けた結果は、次の通りです。

第1の姿　問い続ける姿
第2の姿　数学のよさに気づく姿
第3の姿　多様な表現で考えたり説明したりする姿
第4の姿　多面的・批判的に分析し判断しようとする姿
第5の姿　学習に活用しようとする姿
第6の姿　日常生活に活用しようとする姿
第7の姿　数学的活動の楽しさを味わう姿

このように因数分解することで、次のような利点が生まれます。

○実施する単元で、どの姿を引き出すか「的を絞る」ことができる
○年間を通して、満遍なく主体的に学習に取り組む態度を「引き出す」授
　業を計画することができる
○子どもに学習達成度の「フィードバック」を的確に行うことができる

以上の利点が生まれ、評価の精度が高まります。
　登山に例えるならば、霧だらけで周りの美しい景色を眺められない状態が、
霧が晴れて目標だった山頂や美しい景色が見える状態になるということです。
先の見えない冒険もスリルがあり楽しいかもしれません。しかし、信頼性・妥
当性のある評価をしていく上では、どこを目指していくべきか事前の計画が欠
かせないのです。

7つの姿という視点がないと

　7つの姿という視点をもたない以前の私は、評価計画を作成する際に迷った
り苦労したりすることが多くありました。そんな過去の私が、授業の目標をど

のように言葉にしていたか、評価計画の作成の仕方を紹介します。

　まず、4月になり担当する学年が決まったら、その学年の教科書を読み込みます。学習指導要領に記された目標を頭の片隅に置きながら、単元ごとの指導計画を立てていく作業に入ります。

　実施する単元の目標を、教科書の教師用指導書（いわゆる赤刷りです）や各教育委員会が作成している指導計画などを参考に作成します。

　次に、評価規準を作成し、どんな学習活動を行って、どこで評価していくかを考えていきます。もちろん、ゼロから考えるのではなく、教師用指導書などの資料を基に計画していきます。

　それらを基にして、十分満足できる状態（◎）やおおむね満足できる状態（○）、努力を要する状態（△）の基準を示す評価基準を、子どもの具体的な姿をできるだけ想像して作成していきます。ここでも、教科書の教師用指導書や教科書会社が公開している「評価の観点と評価基準」を参考にしたり、実践集のような書籍を参考にしたりしました。たとえば、5年「面積」の台形とひし形の面積を求める場面について、主体的に学習する態度の評価基準として次のように書かれていました。

　○：ひし形の面積の求め方を考え、公式を導こうとしている。
　◎：ひし形の面積の求め方を考え、進んで公式を導こうとしている。

　○は、おおむね満足できる状態で、◎は、十分満足できる状態です。言葉のちがいは、「進んで」があるかどうかなのです。

　私は、この段階で頭を抱えることになります。これを読んでも子どものどんな姿を見取ればよいのか、すんなり理解することができなかったからです。

　「的を絞る」ことができないまま授業を実施します。

　ここでは、ひし形の面積を求める授業を行ったとします。

　ひし形の面積を求める学習は、単元末に行います。この授業では、総括的評価を行うという計画をしていたので、子どもたちのノートを回収しました。

ノートに書かれた思考過程を読み取りながら、この時点での学習の到達度を評価していきました。

　過去の私は、「十分満足できる状態」（◎）なのか「おおむね満足できる状態」（○）なのかの線引きに迷いました。それもそのはず、「的を絞る」ことができていないのですから当然です。

　子どもの書いたものと、少しばかりの感覚で評価していました。「感覚」と「書く」の２つの「かく」だけで評価していては、自信をもって評価することなどできません。

　読み手によって、「進んで」の解釈も分かれるため、同僚の先生間で評価基準のずれが起きてしまうこともありました。このずれを解消するために、同学年で組んでいる先生と話し合いをしました。

　しかし、全教科全単元でこの話し合いを行うのは、膨大な時間がかかってしまい、現実的ではありません。

　……と、これが過去の私の評価計画の作成の仕方です。

７つの姿という視点があると

　では、７つの姿という視点を得た今の私が、授業の目標をどのように言葉にしていたか、評価計画の作成の仕方を紹介します。

　５年「面積」の単元では、４年生までに学習した正方形・長方形の求積の学習を活用して、三角形や平行四辺形、台形、ひし形、一般的な四角形などの求積の仕方を学習していきます。単元を通して、長方形などの既習の図形に変形することで、面積を求めることができることを学習していきます。また、公式を導いていく際には、複数の考え方の共通点に着目させるような指導を繰り返していくという計画を立てました。そして、単元末のひし形では、複数の考え方から自分なりに公式をつくってみるという学習活動を計画しました。

　そこで、「面積」の単元では、主に３つ目「多様な表現で考えたり説明したりする姿」と５つ目「学習に活用しようとする姿」を重点的に評価するという計画を立てました。

１つの単元で２つの姿を育てる計画を立てても問題ありません。

そして、単元末に扱うひし形の求積の授業の目標を次のように変えました。

Ｂ：ひし形の面積を複数の方法で求め、それらの方法の共通点を見つけよ
　　うとしている。

Ａ：ひし形の面積を自ら複数の方法で求め、それらの方法の共通点を見つ
　　けて公式として表現しようとしている。

３つ目の姿として「複数の方法で求めているかどうか」と、５つ目の姿とし
て「方法の共通点を見つけようとしているかどうか」を、ノートや学習の様子
から見取ることにしました。

「十分満足できる」（◎）と「おおむね満足できる」（○）の線引きも明確で
す。

・自ら複数の求め方を考えて、求め方の共通点を探しているかどうか

・公式として表現しようとしているかどうか

ここで重要なのが、「自ら」という言葉の解釈です。私は、「自ら」何かをし
ようとしているかを見取る際には、なるべく、教師の介入がない状況をつくり
ます。そこで、教師が、「２つ以上の求め方を考えてみましょう」と指示する
のは本時では NG ワードにしました。教師から「〜しましょう」と言われて
行った行動は、「自ら」ではないからです。そして、「自ら」を期待する前には
必ず、期待する姿を引き出したり、価値づけてフィードバックしたりした授業
があったということが前提です。

７つの姿に分けることで、子どものどんな姿を見取ればよいか「的を絞る」
ことができ、自信をもって評価することができるようになりました。

続く第２章では、７つの姿のどこを見ればよいか、詳しく解説していきます。

第**2**章

主体的に学習に取り組む 7 つの姿

「問い続ける姿」

子どもに問いがなければ数学的活動ではない

　第1の姿は、問い続ける姿です。

　この姿は、主体的に学習に取り組む態度を支える最も重要な姿です。

　「主体的に学習に取り組む姿＝数学的活動を自ら遂行する姿」だと第1章で述べました。小学校学習指導要領（平成29年告示）解説算数編の「数学的活動の取組における配慮事項」には、「見通しをもって数学的活動に取り組み、問題解決した後に振り返ることは、児童自らが問いをもって問題解決活動を遂行することに他ならない」と書かれています。「問い」とは、子どもがわからないと思ったことや知りたいと思ったことです。つまり、主体的に学習に取り組むということは、子どもが問いをもつことが前提なのです。

　第1の姿は、算数のどの単元でも期待される姿であり、どの単元においても形成的評価を行って、授業改善に役立てていく必要があります。

「問い方」を学ぶ授業を目指す

　子どもが問いをもつ授業はこれまでも大切にされてきました。特に、授業の導入で子どもの問いを引き出し、授業のめあてを意識させる工夫はこれまでもたくさん取り入れられてきたように思います。

　しかし、それだけでは不十分です。

　私たちは、子どもたちに「問い方」を学ぶことができるような授業を行うことで、授業の導入だけではなく数学的活動全体を通して、問い続ける姿を育てたいからです。

　数学的活動（右図）の中の矢印に当たるのが、子どもが問いをもつ場面だと考えたらいかがでしょうか。「解決したい問いをもつ」段階だけではなく、どの段階でも子どもは問いをもちます。たとえば、「解決したい問いをもつ」段階の後には、「どの方法が使えるだろうか」という問いが生まれます。一人で解決結果を得る「一応の解決結果を得る」段階の後には、「仲間の考えを知り

たいな」といった問いが生まれます。「解決結果を得る段階」の後に、「じゃあ、形を変えたら結果はどうなるだろう」という問いが生まれることもあります。

　間違った問い方をすると、数学的活動を遂行することができません。たとえば、問題を解決した後に、「先生は次にどんな問題を出してくれるだろうか」という問いをもっていても、それは主体的に学ぶ姿とは言えません。「問い方」によって活動の方向性が決まるのです。

　子どもたちが、数学的活動を自ら遂行できるようになるためには、数学的活動の各場面で、どのような問い方をしていけばよいか学ぶ必要があります。

　つまり、「問い方」を子どもたちに教えることが、主体的に学習に取り組む態度を育むために欠かせないということです。

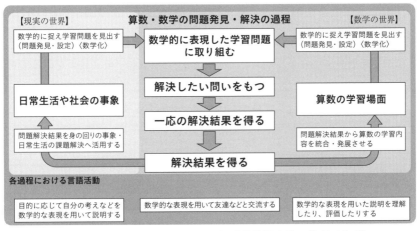

数学的活動（小学校学習指導要領解説算数編を基に筆者が作成）

どう見取る？　「大きな問い」と「小さな問い」を区別すると…

　本書は、評価に主眼を置いています。そこで大事なことは、何を見取るかということです。第2章では、7つの姿それぞれについて、「見るポイント」を

示し、具体的な姿を授業の一部分を切り取って紹介していきます。

　第1の姿「問い続ける姿」の見るポイントは、どこでしょうか。

　1つは、「問いをもっているか」です。ですが、数学的活動全体を通して、ずっとこの視点で見取っていくことはとても難しいです。なぜなら、問いには、言語化されやすい「大きな問い」と、言語化されにくい「小さな問い」があり、後者は見取りにくいからです。

　いわゆる、授業におけるめあても「大きな問い」の1つです。授業や単元単位で言語化される問いです。一方で、「小さな問い」は、前ページで例に出した「どの方法が使えるだろうか」「仲間の考えを知りたいな」などの問いです。これらの問いは、数学的活動を進める機能はありますが、めあてのようにはっきりと言葉にされることが少ないため、私は「小さな問い」と呼んで区別しています。

　子どもたちは「大きな問い」（めあて）をもち、「小さな問い」をつなげていきながら問題解決に向かっていきます。また、時には、「解決結果を得る段階」の後に、「じゃあ、形を変えたら結果はどうなるだろう」という問いや「生活に当てはめて考えるとどうかな」という問いをもちます。数学的活動の図で言えば、矢印が上方向へ上がっているところです。このような問いも、言語化されやすい「大きな問い」だと言えるでしょう。

　「大きな問い」→「小さな問い」→…→「小さな問い」→新たな「大きな問い」へ。このように問い続けることで、数学的活動が進んでいくとも解釈することができます。

　さて、「小さな問い」が言語化されにくいことは先ほども述べました。しかし、問い続けることができれば、はじめの「大きな問い」と新たな「大きな問い」の間で、自分の考えが変わっていきます。

　そこで、「自分の考えを修正しようとしているか」を見取ることが2つ目のポイントとなります。たとえば、問題を解決することができなかった子どもがいたとします。その子が、授業を通して、仲間の考えを受け入れて、授業の終

末に問題を解決できるようになっていたとしたら、自分の考えを修正しようとしていることを見取れます。また、はじめから問題を解決できていた子どもでも、授業終末に解決方法の適用範囲を広げて考えていたらその姿も自分の考えを修正した姿です（次ページを参照）。

　小さな問いをうまくつなげていくことができたかどうかは見取ることが難しいので、自分の考えを修正しようとしているかどうかに着目することで、着実に見取っていこうということです。

　3 つ目のポイントは、「自分の考えをまとめ、さらに新たな問いをもとうとしているか」です。

　学習の中盤から終盤にかけて現れるのが、新たな問いです。この新たな問いの問い方を学ぶことで、数学的活動をくるくると回していけるようになっていきます。子どもが、新たな問いをもつきっかけとなるのは、仲間の考えを見聞きしたときや、学習を振り返って自分の考えをまとめたときが多いと考えます。

　以上のように、問い続ける姿は、以下のポイントを押さえて見取るとよいでしょう。

> **問い続ける姿を見取るポイント**
> ・問いをもっているか
> ・自分の考えを修正しようとしているか
> ・自分の考えをまとめ、さらに新たな問いをもとうとしているか

問い続ける姿の具体例　5年「図形の角」

　5年「図形の角」の学習で、三角形の内角の和がいつでも180°になることを学ぶ授業で見られた、問い続ける姿を紹介します。

　三角定規の直角三角形の角の和を求めさせた後に、パワーポイントで直角三角形を提示しました。そして、1つの頂点を移動させてその直角三角形が段々と大きくなる様子を見せ、「3つの角の和はどうなりましたか」と投げかけ、変化を予想させました（右図）。

　「変わらない」と予想した子どもと、「和が大きくなった」と予想した子どもがいました。それぞれに予想した根拠を尋ねると、「三角定規は両方とも180°

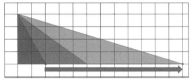

だったから、直角三角形の角の和は180°になると思う」や「三角形が大きくなったのだから、角の大きさも大きくなると思う」といった考えが出てきました。

　このようなやりとりをしていると、ある子が「え〜、わからなくなってきた」とつぶやきました。「何がわからなくなってきたの？」と問い返すと、「小さい直角三角形と大きい直角三角形のどちらが角の大きさの和が大きいかわからない」と答えました。「角の大きさは、どうなるだろうか」という「大きな問い」が、めあてになりました。

　考える時間をとった後で、分度器で測って調べる方法や、合同な直角三角形をしきつめていく方法、合同な直角三角形を2枚組み合わせて長方形をつくる方法を共有していきました。

　学習の終盤に、ここまでにわかったことをまとめる時間を取りました。

　子どもとやり取りしながら、「直角三角形の3つの角の和は、180°になる」とまとめました。

　すると、一部の子どもが、「直角三角形だけではないよ」「普通の三角形も180°になるよ」「正三角形もなるでしょ」とつぶやきました。

　そのつぶやきを全体に広げ、「どういうことですか」と尋ねると、「どんな三角形でも3つの角の和は180°になると思います」とある子が言いました。

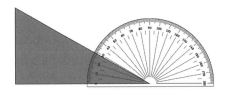

分度器で測る方法

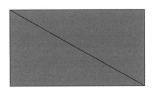

合同な直角三角形を
2枚組み合わせる方法

　私は、「みんなは、どう思う？　隣の席の人と話してから、ノートに自分の考えを書いてみましょう」と、判断を促しました。

　直角三角形という特殊な図形を最初に考察することで、一般の三角形の内角の和をたしかめたいという思いが湧き上がってきたようです。

　授業後半のこの場面で、問い続ける姿を見取ります。直角三角形の和の考察から一般の三角形の内角の和の考察について、考えを修正しているかどうかです。「普通の三角形も 180° になるよ」という発言や、ノートの記述から見取ります。

　その後、「正三角形も内角の和は 180° になるから、他の三角形でもなりそうだ」という予想をきっかけに、いろいろな三角形の角の和を調べていきました。

　そして、もう一度わかったことを自分の言葉でまとめるように促しました。

　「どんな三角形でも 3 つの角の和は 180° になる」というように、より一般性のあるまとめが増えました。

　まとめたことを共有していると、「こういう細長い三角形はならないと思います」（右図）とある子が発言しました。問い続ける姿を形成的評価していくと、授業の中で子どもたちは自然と問いを発していき、問い続ける姿が育っていくと考えます。

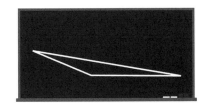

「数学のよさに気づく姿」

数学のよさに気づく姿とは

　突然ですが、子どもから次のような疑問を投げかけられたことはありますか？「算数って、どうして学ばないといけないの？」これは、数学のよさに気づいていない姿なのかもしれません。数学のよさに気づくことができれば、数学そのものの価値や算数を学ぶ目的を実感することができると考えます。

　よさに気づくことは、算数の知識や技能を生み出す上でも欠かせません。たとえば、4 年「面積」で長方形の面積を求める公式を学ぶ場面。$1cm^2$ の正方形を 1 つずつ数える面倒さを感じた子どもが、正方形のまとまりをつくってかけ算の見方をし始めます。すると、並んでいる $1cm^2$ の正方形の数と、辺の長さが対応していることに着目し、効率的に正方形を数えることができるというよさに気づきます。よさの追究が、（たて）×（横）という面積の公式を生んだのです。このように、よさは新しい算数を創造する原動力になります。

よさの視点

　よさには、様々な種類があります。小学校学習指導要領解説算数編には、「有用性、簡潔性、一般性、正確性、能率性、発展性、美しさ」など、多くの視点が示されています。中島健三氏は、創造の原動力として「簡潔、明確、統合」の 3 つを挙げています（中島健三（2015）『復刻版　算数・数学教育と数学的な考え方』東洋館出版社）。数学という学問は、このようなよさを追究した結果、発展してきました。

　大切なのは、このようなよさに気づいた子どもの姿を具体的にイメージすることです。よさに気づいた子どもが発する言葉を示してみます。

・簡潔　有用　能率
「簡単にできるよ」「単純に考えると…」「効率的だね」「便利だね」

・明確

「わかりやすいね」「習ったことを使って考えていていいね」

「こうすると、はっきりするね」

・統合　発展　一般

「いつでも言えるね」

・美しさ

「(数や図形が)きれいだね」

　授業では、上の対義語を思い浮かべて、そのような状況を用意することで、子どもたちがよさに気づく姿を引き出すことができます。たとえば、先ほどの4年「面積」の例では、「数えるのが面倒」ということを経験することで、能率よく数えることができる方法のよさが際立ってきます。

　よさに気づく前には、多くの場合、複数の考えを比べています。また、エレガントな解決方法のみならず、素朴で手間のかかるような解決方法を知ることも必要です。ここで強調しておきたいことは、素朴で手間のかかるような解決方法にもよさがあるということです。「面積」では、単純に広さを比べればよいときは、図形を重ねるだけで大小比較することができることもあります。場面によって、最適な考え方が変わるのです。

　よさに気づいているかどうかを見取るためには、子どもが場面に応じて解決方法を選ぶ姿に着目するとよいでしょう。なぜその方法を選んだのか理由を考えさせたり、いろいろな場面を用意して実際にどの解決方法を使ったか調べたりすることで、よさに気づいているかどうか見取ることができます。

数学のよさに気づく姿を見取るポイント

・よさに気づいた子どもの言葉

・よさの視点をもって複数の方法を比べているか

・場面に応じて解決方法を選ぼうとしているか

よさに気づく姿の具体例　5年「割合　帯グラフ」

　5年「割合とグラフ」で帯グラフを学習する場面です。A小学校とB小学校の好きな給食調べを行ったという場面を用意しました（『板書で見る全単元・全時間の授業のすべて算数小学校5年下』を参考）。下の棒グラフを提示して、「A小の方が、カレーの人気度が高いですね」と投げかけました。

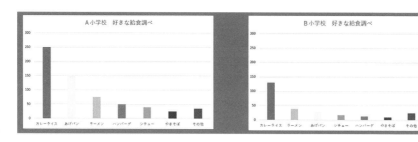

　すると、「全体の数がちがうから、そうとは言い切れないよ」と子どもたちは反論し始めました。

　私は、子どもたちの思考を揺さぶるために、人数を記した表を提示しました。そして、「A小の方がカレー好きな人が120人も多いよ」と反論しました。

〈A小〉625人		〈B小〉260人	
メニュー	人数（人）	メニュー	人数（人）
カレーライス	250	カレーライス	130
あげパン	150	ラーメン	39
ラーメン	75	あげパン	26
ハンバーグ	50	シチュー	18
シチュー	40	ハンバーグ	13
やきそば	25	やきそば	10
その他	35	その他	24

　「差で比べちゃいけないって」と子どもたちも必死です。

　この後、割合で比べる方法を全体で共有しました。

　A小は、カレー好きが全体の40％います。B小は、カレー好きが全体の50％います。ここで、もう一度棒グラフに着目させようと、「棒グラフは役に立ちませんね」と、とぼけてみました。「社会科で見た帯グラフにすればいいんじゃない？」「棒を横にしてつなげたグラフです」と子どもたちはつぶやきました。

　「なるほど」と言って、棒を横にしてつなげて見せました。

　そして、もう一度カレー好きの人数を比べさせます。ただつなげただけなの

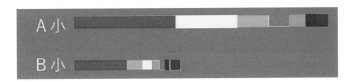

で、棒グラフの長さは変わりません。子どもたちに不安の表情が広がります。

　子どもたちの課題が、「グラフをどのように見れば割合を比べられるか」に変わった瞬間です。

　「ぎゅうっとグラフを縮めればいいんだよ」と説明する子がいました。「全体をそろえるんだよ」と言う子もいます。

　タブレット端末がここでは役立ちます。B小の帯グラフの画像を拡大して、長い方の帯グラフにそろえた子どもがいました（右図）。

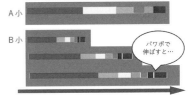

　全体をそろえることで視覚的に理解することができたようです。

　このグラフが帯グラフであることを教えました。

　学習を振り返って、今日のよかったところを考えさせました。

　ある子は、「全体をそろえるアイデアを発表したAさんがいいと思いました。そろえると、割合で比べることができたからです」と考えました。

　ある子が、「棒グラフにもいいところがあります。もしも、A小とB小の人数がそろっていたら、棒グラフで比べることができました。帯グラフと棒グラフでは目的がちがうのだとわかりました」と考えました。その子の意見を全体に共有しました。

　この授業では、「人気度をはっきりさせたい」という明確性の視点に立ったよさを追究していきました。棒グラフと帯グラフの2つの方法を比べた後で振り返ることで、よさに気づいたかどうかを見取ることができます。

「多様な表現で考えたり説明したりする姿」

よりよく問題解決するために必要な態度

算数の学習の基本とも言えるのが、問題解決です。問題解決という言葉を狭く捉えるとすれば、「問題を解く」ということでしょうか。若い先生から、「算数の授業で、早く問題が解けてしまう子が暇になってしまうことがあって困っています」という悩みを聞くことがあります。その先生が言う暇な子の実態を見てみると、1つの方法で解決して満足している状態であることが多いです。これは、第3の姿である「多様な表現で考えたり説明したりする姿」を引き出せていないということなのです。

学習指導要領の解説では、「よりよく問題解決するということは、1つの方法で解決したとしても別な方法はないかと考えを進め、本質的に違う方法でも解決することであり、2通りの方法を見いだしたら、ほかの場面にそれらの方法を適用し、それぞれの方法の可能性を検討することでもある」と述べられています。よりよいかどうかは、1つの解決方法だけではなく複数の方法があって初めて比べることができるのです。

多様な表現で考える理由

第3の姿を、「多様な表現で考える姿」と「多様な表現で説明する姿」に分けて考えてみましょう。

多様な表現で考える理由の1つは、本時の課題が明らかになるからです。

たとえば、問題文を絵や図などの表現で表すことで、前時の問題のちがいが明確になることがあります。1年「たしざん」では、「あわせて　いくつ」と「ふえると　いくつ」の2つの足し算の意味を学習します。

文章を絵に表すと、下の絵のようにちがいが明らかになります。右の「ふえると　いくつ」の絵には矢印が描きこまれています。

多様な表現で考えようとする態度を身につけることで、問題を把握する力も身についてきます。第3の姿は、問題を把握したり、実際に問題を解決した

「あわせて　いくつ」の絵

「ふえると　いくつ」の絵

りする姿に着目すると見取ることができそうです。

多様な表現で説明する理由

　数学者が、論文を発表する。その論が多くの数学者に認められることで、新しい数学の知識が創り上げられていく。これは、学問としての数学が発展していくプロセスです。算数の授業も同様で、子どもたちが新しい知識や技能を創り上げていくためには、クラスの仲間が考えに納得して認められることを大切にしていく必要があります（第 3 章でも詳しく取り上げます）。相手を納得させるために、多様な表現を考えたり説明したりしていくのです。ですから、子どもが説明する場面では相手意識をもって話す態度を育てていきたいです。

　相手意識をもっているかどうかを見取るためには、相手に応じて表現をわかりやすいものに変えようとしているかどうかを見取ります。相手に伝わらないときに、よりわかりやすい方法や表現を考えようとする姿を引き出す工夫が必要です。

多様な表現で考えたり説明したりする姿を見取るポイント

・別な表現や方法はないかと考えているか

・相手に伝わる表現を使おうとしているか

・相手に応じて表現を変えようとしているか

多様な表現で考えたり説明したりする姿の具体例　3年「九九の表とかけ算」

　3年生の最初の単元は、2年生で学習したかけ算をさらに深めていきます。主に次のような、かけ算の意味や性質を学習します。

- ・（1つ分）×（いくつ分）が、かけ算の意味である。
- ・かける数が1増えると、かけられる数の分だけ答えが増える。
- ・かける数が1減ると、かけられる数の分だけ答えが減る。
- ・かけられる数とかける数が逆になっても答えは同じになる。
- ・かけ算は合体したり、分解したりすることができる。
  （7×10は、7×6と7×4を合わせたものになる。）

　かける数が10や0になるかけ算の答えの求め方を考える授業では、4×10の求め方を考えたときに次のような考えがありました。

4が10個あるので、4＋4＋4＋4＋4＋4＋4＋4＋4＋4＝40

4×10は、4×9＝36に4を足せばいい。36＋4＝40

4×10は、4×5＋4×5＝20＋20＝40

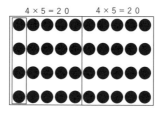

　この授業の終末では、「4×11や4×12のような計算も、今まで学習した方法を使えば答えがわかりそうです」というように、発展的に考える芽になるような感想が出されました。

そして、単元末に次のような課題を出して取り組みました。

追究課題
4×13 の答えを求めて、説明しましょう。

先ほどの授業とはちがい、ここでは教師が極力介入しないようにします。子どもたちが、別な方法はないかと考えたり、相手に応じて表現を変えようとしたりする姿を見取ります。

4 が 13 個あるので、4 ＋ 4 ＋ 4 ＋ 4 ＋ 4 ＋ 4 ＋ 4 ＋ 4 ＋ 4 ＋ 4 ＋ 4 ＋ 4 ＋ 4 ＝ 52

4×13 は、4×10 の答えに、4 ＋ 4 ＋ 4 ＝ 12 を足せばいい。40 ＋ 12 ＝ 52

4×13 は、4×7 ＋ 4×6 ＝ 28 ＋ 24 ＝ 52

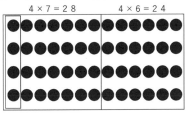

自分の力だけで取り組ませれば、思考力・判断力・表現力を評価することができます。その上で、グループで説明し合う時間をとったり、席を自由に立ち歩くことを認めて、クラス全員の納得を目指す時間をとったりすることで、相手に応じて表現を変えようとする姿を見取ることができます。

第 3 の姿を評価して総括的評価の材料にする場合は、多様な考えが出るような課題を扱い、多様な考えを発想できるような既習を授業で扱っていることが条件になると考えます。また、このような場面では、思考力・判断力・表現力と主体的に学習に取り組む態度を同時に見取って、評価することができます。

「多面的・批判的に分析し 判断しようとする姿」

よりよく問題解決するために必要な態度

　この第 4 の姿も第 3 の姿「多様な表現で考えたり説明したりする姿」と同様に、よりよく問題解決するために必要な態度を示しています。

　「多面的」とは、1 つの事柄に対して見方を変えてその事柄の異なる側面を見ようとする姿を表しています。立方体をイメージしてください。見方によって、見える側面が変わります。見方を変えてみることで、多様な表現で表された考えが見えます。まずは、それらの表現を理解しようとすることが大切です。

　「批判的」という言葉は、第 6 学年の目標に初めて登場します。特に、D データの活用の領域で用いられています。学習指導要領解説には、「妥当性について批判的に考察すること」について、「自分たちが出した結論や問題解決の過程が妥当なものであるかどうかを別の観点や立場から検討してみることや、第三者によって提示された統計的な結論が信頼できるだけの根拠を伴ったものであるかどうかを検討することである」と述べられています。「批判的」とは、否定的に見ることではなく、根拠をもって正しいかどうかを判断するということです。また、それぞれの正しさを判断するだけではなく、それら複数の考えの中から、自分にとって最適な解を選ぼうとすることが大切です。この態度は、D データの活用の領域だけでなく、全ての領域の学習で必要な態度であり、この態度を身につけると、よりよく問題解決することができるようになります。

　以上から、「多面的・批判的に分析し判断しようとする姿」を見取るためには、仲間の考えを理解しようとしている姿や、複数の考えの中から根拠をもって最適な解を選ぼうとしたりする姿を引き出していくとよいでしょう。

授業全体で見取る

　みなさんは、「多面的・批判的に分析し判断しようとする姿」が授業のどん

な場面で表れると思いますか。私は、まず、考えを比較・検討する場面を思い浮かべました。比較・検討する場面とは、一般的に言えば、自力解決と呼ばれる一人で考えをもつ時間の後に位置づけられることの多い、みんなで話し合って考えの妥当性を検討する時間です。しかし、どうやらその時間だけに「多面的・批判的に分析し判断しようとする姿」が表れるわけではなさそうです。

　ここでポイントとなることは、数学的活動の図に記されている「各過程」という言葉です。「各過程」という言葉には、私がイメージした比較・検討する場面だけではなく、もっと授業全体で見取っていけばよいというメッセージが込められているように思います。

　たとえば、考えを比較・検討した後の授業終盤のまとめの場面。一度立ち止まって振り返り、今の自分の考えを書かせてみる。そうすることで、子どもがどの考えが自分にとってよい考えなのか根拠をもって判断しようとしているかどうかを見取ることができます。この見取り方は、一人ひとりの考えが記述として残るため、総括的評価に適しています。

　また、仲間が考えを説明している場面でも見取ることができます。仲間の説明を聞いて、「よくわからない。もう一度説明して」と発言した子がいたとします。この子は、わかったつもりで終わるのではなく、理解しようとしていることがわかります。このような場面は、授業の中で私たちがたくさん遭遇する場面です。見取ったら、学級全体にフィードバックして形成的評価していくとよいでしょう。

多面的・批判的に分析し判断しようとする姿を見取るポイント

・仲間の考えを理解しようとしているか
・複数の考えの中から根拠をもって最適な解を選ぼうとしているか

多面的・批判的に分析し判断しようとする姿の具体例　6年「資料の調べ方」

　本時は、データの特徴や傾向に着目し、代表値などを用いて問題の結論について判断するとともに、その妥当性について批判的に考察することができるようにすることが主なねらいです。

　平成24年度全国学力・学習状況調査の中学校数学における B 問題3で出題されたスキージャンプの原田選手と船木選手の問題をアレンジして次のような問題を提示しました。

あなたは、スキージャンプのチームの日本代表の監督です。
A選手とB選手のどちらを日本代表に選びますか。

　スキージャンプの映像を見せると、「2人の記録を比べて遠くに飛んだ方を代表にすればいいです」「2人の記録が知りたい」という声が上がりました。
　2人の練習時の記録をここで提示しました。

A選手の記録	
69m	116m
79m	118m
87m	119m
104m	121m
105m	123m
107m	124m
109m	124m
113m	128m
114m	139m
114m	139m

B選手の記録	
105m	117m
106m	117m
106m	119m
110m	120m
111m	121m
112m	121m
115m	124m
115m	126m
115m	126m
116m	130m

　しばらく考える時間をとります。子どもたちは電卓を使って、平均値を計算したり、ヒストグラムを作成したりしました。まずは、A選手を選んだ子に意見を発表してもらいました。

A選手の最大値は、139mで、B選手の最大値は130mです。大会で勝つには、よい記録を出したことがある選手の方がいいと思います。

A選手とB選手の記録のよい記録10回分に着目しました。A選手の10回分の平均値は、125.1で、B選手は、122.1でした。平均値の高いA選手を選びました。

　次に、B選手を選んだ子に意見を発表してもらいました。

A選手の平均値（112.6）よりB選手の平均値（116.6）が高いからです。

ヒストグラムをつくってちらばり具合を見ると、B選手の方が、安定感があることがわかります。なので、B選手を選びました。

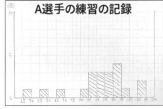
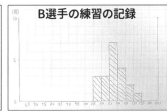

　クラスの仲間の考えを理解しようとする姿を見取るために、「○○さんが伝えようとしていること、伝わったかな？」と全体に声をかけ、さらに「○○さんが伝えようとしたことをノートにメモしてごらん」と言って、仲間の考えをまとめて、書く時間を取ります。

　また、授業の終末には、意見の交流を踏まえて、自分の考えを改めてまとめる時間を取ります。

はじめは平均値が高いB選手を選んでいたけれど、○○さんの「A選手は練習できっと試行錯誤していたから、ばらつきがあるのだと思う」という発言を聞いて、最大値の高いA選手を選ぶことにしました。

　このように、複数の代表値に着目できていることや、着目した事柄と導いた結論が結びついていることを見取ります。

「学習に活用しようとする姿」

既習を使って新しい知識を生み出す

　学習に何を活用しようとすることを期待しているかというと、それは「既習」です。このことについて、詳しく説明していきます。

　算数の特徴の 1 つとして、学習内容の系統性が強いことが挙げられます。

　かけ算を例に考えてみます。

　かけ算の意味を教える際には、はじめに、「1 台に 4 人ずつ乗っているコーヒーカップが 3 台ある」といった状況から、「4×3」と式に表すことができることを教えます。その求め方として「4 ＋ 4 ＋ 4」で求めることができる、というように意味と求め方を区別して教えます。当然ですが、たし算が未習の子どもに、かけ算を教えることはできません。反対に言えば、既習であるたし算を使えば、未習のかけ算でも計算して求めることができるのです。

　このように、算数の授業では既習を使って考えることがとても大切です。既習から新しい知識を生み出したと、子どもが実感できるように指導していく必要があります。既習から新しい知識を生み出したという経験が、子どもたちの創造力を伸ばしていくことにつながるのです。

　私たちは、子どもにとっての既習を想定し、どの既習を引き出すかを考えて授業づくりをしていく必要があります。ある内容が既習かどうかは、厳密に言えば一人ひとりちがいます。なぜなら、塾や家庭学習で先行学習している子もいるからです。

　基本的には、指導した内容を既習として扱います。たとえば、6 年「分数のわり算」で、式を立てた直後に「わる数をひっくり返してかければいい」という先行学習で得た知識を使って発言する子がいたとします。そんなとき、「みんな、納得？」とクラス全体に投げかけると、納得に至っていない子の方が多くいるはずです。一人の子にとっては既習でも、クラスのみんなが納得できなければ、その知識は既習を使って説明する必要があります。「クラスのみんなが納得できる内容」≒「既習」とも捉えることができます。

　また、子どもの誤答の中に既習を使おうとする姿が見取れることもたくさんあります。導いたことが誤答であっても、既習を使って考えようとしたことがフィードバックされた子どもは、学習に活用しようとする姿を今後も見せてくれるはずです。

統合的・発展的に考えようとしている

　「統合的に考察する」とは、ある事象の中から共通点を見いだし、1 つのものとして捉え直すことです。私は、算数では同じを見つけることが一番大事なことだと子どもたちに伝えています。たとえば、2÷1 ＝ 2、4÷2 ＝ 2、6÷3 ＝ 2、…と商が同じになる式が並んでいたとします。子どもは、すぐに商が同じであることに気づきます。そして、「割られる数と割る数に同じ数をかけたり割ったりした計算は、元の計算と商が同じになる」という割り算の性質を発見していきます。

　同じを見つけたら、「じゃあ次は…どうなるかな」と、他の場合にも適用します。このとき、子どもは「発展的に考える」ということをしています。先ほどの例だと、商が 2 だけでなく、商が 3 になる式はどうなるかなと考える姿です。

　統合的・発展的な考えは、学習に活用しようとする姿を発揮するために欠かせない思考・判断・表現の資質・能力でもあります。それゆえに、第 5 の姿は、思考・判断・表現と同時に見取ることもできます。

学習に活用しようとする姿を見取るポイント

・既習の知識や考えを使っているかどうか

・同じを見つけているかどうか（統合的に考えようとしているか）

・数・図形などを変えて考えているかどうか（発展的に考えようとしているか）

学習に活用しようとする姿の具体例　5年「小数のわり算」

　単元の前半で表れる学習に活用しようとする姿の例を紹介します。

　第1時では、「2.4mで96円のリボンがあります。このリボン1mの値段はいくらになりますか」という問題場面から、「96÷2.4」と立式できることを考えていきました。

　第2時では、「96÷2.4」の計算の仕方を考えていきます。

　「96÷2.4 = 0.4」としている子が多くいました。これは、誤答です。しかし、この考え方から全体で話し合うことにしました。

　「96÷2.4 = 0.4」は、下図のような考えです。

```
9 6   ÷   2.4   =   0.4
            ↓×10    ↑÷10
9 6   ÷   2 4   =    4
```

　この考えが誤答である理由を、「96÷2 = 48だから、96÷2.4は、40くらいになるはずだ」と見積もる考えや、「2.4×0.4 = 0.96と確かめ算をしてみたら、96にならなかった」という考えが出されました。

　私は、この考えのよいところに着目させたかったため、「どうしてそうしようと思ったのでしょうか」と、全体に問いかけました。

　すると、「整数に直そうとしているところがいいと思う」「小数のかけ算の単元で学習したことを使おうとしていていいと思う」という発言がありました。

　この誤答をした子どもも、その発想のよさに寄り添えた子どもも、既習の知識や考えを使っていると見取ることができます。これらの姿をすばらしいと価値づけて、全体にフィードバックしました。ここで行ったのは、形成的評価です。その後、整数に直すためには、どうすればよいかを考えていき、割り算の性質を使えばよいことをまとめました。

　この授業の後、割り算の性質の理解が十分でない子どもが多くいることがわかり、割り算の性質に関した学習プリントに取り組みました。

　第3時では、新たな問題場面から「1.05÷0.7」という小数÷小数を立式し、

この計算の求め方を考えることが課題です。

　子どもにとっての既習は、整数÷整数と整数÷小数の計算。そして、整数に直すために、割り算の性質を使ったということです。

　本時は、これらの既習の知識や考えを使っているかどうかを見取る総括的評価を行う機会としました。

　子どもたちは、次のような考えに至りました。

$$
\begin{array}{lllll}
1.05 & \div & 0.7 & = & 1.5 \\
\downarrow \times 10 & & \downarrow \times 10 & & \\
10.5 & \div & 7 & = & 1.5
\end{array}
\qquad
\begin{array}{lllll}
1.05 & \div & 0.7 & = & 1.5 \\
\downarrow \times 100 & & \downarrow \times 100 & & \\
105 & \div & 70 & = & 1.5
\end{array}
$$

　上のような考えは、既習の計算（整数÷整数と整数÷小数）に直すために割り算の性質を正しく使うことができています。「思考力・判断力・表現力」と「主体的に学習に取り組む態度」の両方とも「十分満足できる状態」（◎）と評価してよいと考えます。

$$
\begin{array}{lllll}
1.05 & \div & 0.7 & = & 0.015 \\
\downarrow \times 10 & & \downarrow \times 10 & & \uparrow \div 100 \\
10.5 & \div & 7 & = & 1.5
\end{array}
$$

　上のような誤答は、どのように評価するとよいでしょうか。

　授業は、この後全体での話し合いに入ります。話し合いを通して、この考えをしていた子どもが「これは、かけ算のときの考え方だった。今は、わり算だったから、÷100してはいけない」と気づくことができたら、「思考力・判断力・表現力」と「主体的に学習に取り組む態度」の両方を○としてフィードバックしてよいと思います。以前に学習した考えを使おうとしていた姿を見取り、すばらしいことだとフィードバックしたいものです。そして、○の子どもが少しでも多く◎になるように、授業を改善していきます。

「日常生活に活用しようとする姿」

〈数学の世界〉から〈現実の世界〉へ

第6の姿は、「日常生活に活用しようとする姿」です。

算数を使えば日常生活の課題を解決することができると実感できれば、「算数は役に立つ」というように、算数を学ぶ意義を感じることができます。

まず、第6の姿を引き出そうと思ったら、〈現実の世界〉における日常生活や社会の事象を扱うことが欠かせません。

数学的活動の過程には、「数学化」という過程が含まれています。「数学化」とは、〈現実の世界〉を数理的に捉え学習問題を見いだし〈数学の世界〉の舞台に上げる過程のことです。〈現実の世界〉は、様々な情報で溢れ、複雑です。その世界を算数で解決できるように、余分な情報を無視します。教科書に明示されている問題文は、数学化の結果です。そして、〈数学の世界〉で問題を解決して結果を得ます。

この先で表れるのが第6の姿です。得られた結果を基に、目的に応じて意思決定する場をつくることで、第6の姿を引き出すことができます。

たとえば、友達との待ち合わせに間に合うように、バスに乗って目的地まで行く場面を考えてみます。平日は、目的地までバスで15分かかります。待ち合わせの午前9時に間に合うようにするには、何時何分のバスに乗るとよいでしょうか。8時39分発のバスに乗れば、15分後の8時54分に着くはずです。しかし、今日は土曜日。休日になると混む道をバスが通ります。どれくらい混むのかはわからないので、6分前に着ける8時39分発に乗るのか。絶対に間に合わせるために8時19分発に乗るのか。

どちらのバスに乗るかは、目的や自分の価値観で変わってきます。大切なのは、〈数学の世界〉の結果である「8時54分着」を基にして、道の混み具合という〈現実の世界〉の要素を加味して意思決定する態度

時				
6	○20	39	○51	
7		14	○36	55
8		8	○19	39	54
9	○14	44		
10	○14	59		

を育てることです。

　このように、日常生活に活用しようとする姿は、〈数学の世界〉から〈現実の世界〉に戻って考える場面で、〈数学の世界〉の解決結果を基に、目的に応じて意思決定しているかどうかを見取るとよいでしょう。

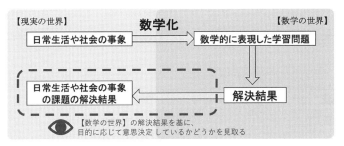

第6の姿「日常生活に活用しようとする姿」のどこを見取るか

算数で学んだ知識と日常生活の事象がつながる

　日常生活では、算数をデザインに生かすことがあります。たとえば、壁掛け時計の形は、円です。3年生で円の学習をした子どもたちと、円見つけをすると、真っ先に見つけます。このように、ただ「○○見つけ」をしても意味がありません。「なぜ、時計は円なのか」を考える態度を育てたいと思います。時計の針は、コマと同じように回転します。回転すると円の形が見えてきます。また、分の目盛りを刻む際には、正方形よりも円の方が都合がよいです。

　このように、算数で学んだ知識と日常生活の事象がつながることで、日常生活に活用しようとする態度が育ってくると考えます。

┌─ **日常生活に活用しようとする姿を見取るポイント** ─
・〈数学の世界〉の解決結果を基に、目的に応じて意思決定しているか
・算数の知識と日常生活の事象をつなげているか

日常生活に活用しようとする姿の具体例　3年「円と球」

　この単元では、これまで子どもたちが感覚的に捉えていた円と球について、「円は中心から同じ距離の点が集まった図形」といった数学的な概念にまで高めることが主なねらいです。

　単元の導入では、次のような問題を扱いました。

> 輪投げをします。みんなが同時に投げるとき、参加者はどこから投げるとよいでしょうか。

　授業では、まず、一番前の列の子どもに輪を渡して同時に投げさせました。すぐさま、「先生、ずるいよ」という声が上がりました。

　的までの距離がちがうから不公平であることを共有しました。

　公平になるように、参加者の投げる場所を考えようというのが、本時の課題です。参加者の人数を1人ずつ増やしながら、公平な輪投げを考えていきました。途中から、「まる！　まるなら何人増えても公平だ」という声が出てきました。

　なぜ「まるだと公平になるのか」についての話し合いを経て、子どもたちは、「公平な輪投げにするためには、的から同じ距離分だけ離れた場所から輪を投げるとよい」と結論づけました。そして、円という言葉を教えました。

　この第1時は、円とは何かについて言葉にできるかどうかを見取って、評価をしました。

　この授業の後で、次のように尋ねてみました。

　「円について学びましたね。さて、この教室の中に円はありますか？」

　すると、目の前の壁に掛けてある円の形をした時計を見つけました。そこで、「ところで、時計が円なのはどうしてだろう？」と投げかけました。

　子どもたちからは、「針がくるくる回るからじゃないかな」「こまが回ると円に見えるのと同じように、回るから円の形になっているんじゃないかな」「もしも、四角だったら、目盛りが読みにくくなりそうです」という意見が出まし

た。

　ここから身の回りにある円を見つける活動に入りました。見つけるだけではなく、なぜ円の形になっているのかという理由についても考えてみるように伝えました。

　子どもたちは、マンホールや硬貨、惑星などの形に着目し、その形になっている理由をタブレットPCで調べたり、自分なりに考えたりしました。

　算数で学んだ円についての知識と、実際に身の回りにある形のデザインの理由をつなげて考えているかどうかを見取りました。

　このように、図形の単元では身の回りにある形のデザインに触れる機会をつくることで、日常生活に活用しようとする態度を育むことができます。

円と球見つけ　ワークシート

「数学的活動の楽しさを
味わう姿」

「算数が楽しい」と感じる子どもを育てる

　第 7 の姿は、「数学的活動の楽しさを味わう姿」です。

　算数が楽しいと感じる子どもを育てたいと願う気持ちは、私たち教師の共通の願いでしょう。第 7 の姿は、学習指導要領の目標の文言である「数学的活動の楽しさに気付く」と対応しています。この姿を見取って、子どもが楽しさを味わっていないのであれば、楽しい授業へと改善していくのです。

考える楽しさを味わわせよう

　私は、授業の中で算数ゲームを取り入れることがあります。すると、多くの子どもが楽しく前向きに授業に参加します。このとき、子どもたちの楽しそうな表情を見ると、こちらもうれしい気持ちになります。

　しかし、ゲームの楽しさと数学的活動の楽しさは、同じではありません。ゲームをして味わう楽しさは、表面的な楽しさに過ぎないのです。子どもが何を楽しいと感じているかに着目することが重要です。「何」の部分は、もちろん数学的活動です。もしかすると、「活動」という言葉から、ゲーム性のある活動や具体物を操作する活動、実際の量を測る実験・実測的な活動などだけを指していると考えている方もいるかもしれません。

　そこで私は、「考える楽しさを味わっている」と簡単な言葉で捉えた方がよいと考えます。子どもが算数に関わりのあることを考えている。そして、算数自体を楽しんでいる。これが、第 7 の姿「数学的活動の楽しさを味わう姿」です。

考える楽しさを味わう姿をどう見取るか

　まずは、子どもの算数の学習に対する感情を見取ります。子どもが書いた振り返りの記述内容、学習の感想などを見ると、子どもの書いたものを根拠にして見取ることができます。が、この方法で見取るだけでは不十分です。振り返

りをして学習の感想を書くという活動自体に目的意識がないと、子どもにとって書く作業には苦痛が伴います。その苦痛から逃れるための免罪符として、「楽しかった」などと書いている子もいます。ですから、多様な方法で見取る必要があります。時には、子どもに直接「今日の算数の授業はどうだった？」と尋ねてもいいでしょう。「きまりを見つけることができてうれしかったです」と答えてくれれば、楽しさを味わっていると言えます。しかし、この方法でいつでも尋ねることはできませんので、公平性に欠けてしまいます。

　楽しいことをする時間は、あっという間に過ぎてしまいます。考える楽しさを味わっている状態とは、何かに夢中になったり、没頭したりする状態です。私は、子どもが持続的に考えているかどうかを見取ることで、楽しさを味わっているかどうかを見取ることができると考えます。一単位時間だけではなく、複数の授業で構成される単元内においても、子どもが持続的に考えられるような、考えがいのある課題を子ども自身が見いだしていくことが理想です。さらに、「子どもが持続的に考えているかどうか」を、最近注目を浴びている非認知能力で言い換えるとすれば、「グリット」という心理特性をもっているかどうかです。「グリット」とは、目標に対する情熱と粘り強さのことです。非認知能力の育成自体は、現在示されている目標に書かれていませんが、「グリット」をこの第7の姿に当てはめることができるだろうと考えています。

　楽しいと感じているかどうかは、とても見取ることが難しいものです。しかし、見取ろうとする不断の努力が、楽しい算数の授業の実現のためには欠かせません。

数学的活動の楽しさを味わう姿を見取るポイント

・考える楽しさを持続的に味わっている姿

数学的活動の楽しさを味わう姿の具体例　3年「たし算とひき算の筆算」

　単元末で筆算の習熟を図りながら、数学的活動の楽しさを味わう姿を引き出そうと考え、行った授業です。問題は、以下の通りです。

　1～6の数字カードを□に入れて、3けた−3けたの筆算をつくります。

$$\begin{array}{r} \square\square\square \\ -\ \square\square\square \\ \hline \end{array}$$

　まず、「答えが一番大きくなる筆算をつくろう」と投げかけました。

　一番大きい答えが「531」になることを確認し、「一番大きい数から一番小さい数を引くと、一番答えが大きくなる」という見方・考え方を共有しました。次は、「答えが一番小さくなる筆算をつくろう」と投げかけました。子どもたちは、試行錯誤しました。

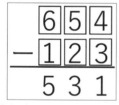

答えが一番大きくなる筆算

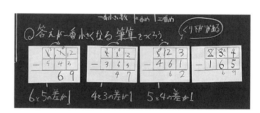

試行錯誤の結果を共有した板書

　いくつか式を発表してもらいました。並んだ式を見て、「百の位の差は1である」「くり下がりがあるように式をつくる」などの見方・考え方を共有していきました。ここで、私の方から、「問題づくりをしよう」と投げかけました。問題づくりとは、問題の一部を変えて、自分で問題をつくる活動のことです。

　私と対話をしながら、問題の条件を自分で変えるように促しました。子どもがつくる問題によって、一人ひとりの活動の内容が変わっていきます。

> 子どもがつくった問題①
> 　2〜7の数字カードを□に入れて、3けた−3けたの筆算をつくります。
> 　答えが一番大きくなる筆算をつくりましょう。

　この問題に取り組んでいる子たちから、「面白い！」「同じになる」という声が出てきました。はじめの問題のときと同様の答え「531」になることを発見した声です。

　私はこのとき、使う数字カードを自分で変える姿を期待して待ちました。第7の姿「数学的活動の楽しさを味わう姿」は、これまでの姿の総合力です。数を変える姿は、発展的に考える姿であり、第5の姿と重なります。

　この日の授業では、使う数字カードを、3〜8に変えて取り組む姿を引き出すことができました。そして、ここまで持続的に考えている姿を見取って、総括的評価として記録に残しました。

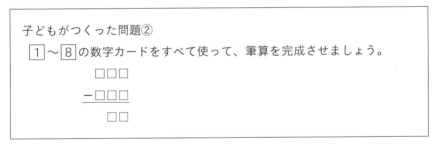

> 子どもがつくった問題②
> 　1〜8の数字カードをすべて使って、筆算を完成させましょう。
> 　　　　　　□□□
> 　　　　−□□□
> 　　　　　　□□

　この問題は、はじめの問題に取り組んでいたときに、偶然見つけた式を見て、私が「面白い」と言ったために生まれた問題です。

　パズルのように取り組むことができ、夢中になれます。ここでも、使うカードを増やして取り組んでいる姿を見取ることができました。

　この授業は、2時間続きで行いました。考える楽しさを味わって持続的に考えているかを見取ります。子どもが課題意識をもって取り組み続けていれば、「十分満足できる」（◎）と価値づけて、フィードバックします。

算数の楽しさが伝わっているかどうかを評価しているのですから、考える楽しさを味わえていない子どもがいれば、授業を改善していく必要があります。

　トピック教材と言われる教材は、新しい内容を教え込まなくてもよいという心の余裕を私たちに与えます。1学期に一度は、自分が面白いと感じる教材を使って、第7の姿を評価してみることが必要だと考えます。

主体的に学習に取り組む態度を評価する **20** のアクション

（1）7つの姿でゴールを設定する

どのように評価するのか

　第3章では、主体的に学習に取り組む態度を評価する具体的なアクションをお伝えしていきます。評価という営みは、次の局面に分けることができます。

> 的を絞る→引き出す→見取る→価値を見つける
> →フィードバックする→指導の改善をする

　どの局面でアクションが実行できるのかを、それぞれの見出しに記しておきます。また、7つの姿すべてに当てはまる方法もあれば、特定の姿の評価で使える方法も紹介していきます。参考になれば幸いです。

見取りやすい内容が存在する　的を絞る

　さて、はじめに紹介するアクションは、

> 7つの姿でゴールを設定する

です。

　これは、年度始めや学期始めに行うべき、「的を絞る」ためのアクションです。1年の始めにすべての単元における「主体的に学習する態度」の目標を言語化するのではありません。

　単元ごとに目標を言語化する前に、

> どの単元で、7つのうちのどの姿を育てるのかについて計画を立てる

のです。順を追って説明していきます。

　まず、算数科の「主体的に学習に取り組む態度」を7つに分け、単元を作成していくと、私はすぐにあることに気がつきました。

　それは、次のことです。

7 つの姿は、見取りやすい内容が存在する

　たとえば、4 年「面積」の単元では第 3 の姿「多様な表現で考えたり説明したりする姿」が引き出しやすいです。また、D データの活用の領域では、第 4 の姿「多面的・批判的に分析し判断しようとする姿」が引き出しやすいです。見取りやすいということは、子どもがその内容と出会ったときに、発動しやすい態度だということです。

　では、発動しやすい態度かどうかを見極めるには、どうしたらよいでしょうか。私がオススメする方法を 3 つ紹介します。

　1 つ目は、年度始めに行う「教科書ぱらぱら読み」です。

年度始めなどに、「この単元では、子どもの日常生活に生かす姿を育てたいなあ」などと考えながら、教科書をぱらぱらめくって読んでいく

教材研究のはじめの一歩にもなって、オススメです。

　2 つ目は、教科書に出てくる登場人物の考え方に着目する方法です。

教科書の登場人物のふき出しなどに着目し、どんな考え方をしているか読み解く

たくさんの考えが出ている場合は、第 3 の姿を評価するチャンスです。

　3 つ目は、何に生かすのかという視点をもって教科書を読むことです。

第 5 の姿「学習に生かそうとする姿」と第 6 の姿「日常生活に生かそうとする姿」のどちらを引き出すか決める

　この 3 つの方法を駆使しながら次の年間指導計画表の作成をしていきます。

年間指導計画表を作成してみる　的を絞る

次に、下図のような「主体的に学習に取り組む態度」だけの年間指導計画表を作成します。これは、私が４月に作成した第３学年の年間指導計画表です。

	A	B	C	D	E	F	G	H
1								
2		①問い続ける姿	②数学のよさに気付く姿	③多様な表現で伝えようとする姿	④多面的・批判的に考えて判断しようとする姿	⑤学習に活用しようとする姿	⑥生活に活用しようとする姿	⑦数学的活動を楽しむ姿
3	九九の表とかけ算	・		○		○		
4	わり算	・					○	
5	図を使って考えよう	・						
6	たし算とひき算の筆算	・	○					○
7	時こくと時間	・					○	
8	一万をこえる数	・	○				○	
9	表とグラフ	・			○		○	
10	たし算とひき算	・	○					
11	長さ	・	○					
12	あまりのあるわり算	・				○		
13	重さ	・					○	
14	円と球	・					○	
15	何倍でしょう	・		○				
16	計算のじゅんじょ	・				○		
17	１けたをかけるかけ算の筆算	・				○		
18	式と計算	・						○
19	分数	・	○		○			
20	三角形	・					○	
21	小数	・				○		
22	２けたをかけるかけ算の筆算	・				○		
23	□を使った式	・					○	
24	そろばん	・						

作成手順は、次の通りです。

①表の縦軸に、単元名を入れていく。
↓
②表の横軸に、７つの姿を入れていく。
↓
③単元と７つの姿を対応させて、重点的に育てていく姿の的を絞る。
↓
④教材研究を進めながら、その都度、計画の修正を図る。

この手順の中でも、私は、④が最も重要だと考えています。

たとえば、４月の時点で「あまりのあるわり算」で、第５の姿「学習に活用

しようとする姿」を育てたいと考え、計画を立てました。

　しかし、教材研究が進んでいくうちに、この単元では、第 6 の姿「日常生活に活用しようとする姿」を育てたいと考えるようになりました。

　そこで、計画に修正を加えて、第 6 の姿「日常生活に活用しようとする姿」を重点的に育てていくことにしました。

　このように変更可能なものにすると、自分の指導しやすい姿だけに偏らないかという懸念が生まれるでしょう。

　しかし、絶えず修正していくものであるという姿勢が、授業の腕を上げていく上で欠かせないと思います。育てたい姿の偏りがないように注意を払い、教材研究の成果を計画表に反映させてください。

形成的評価「・」と総括的評価「○」は必ず分ける　的を絞る

　表には、「・」と「○」が記してあります。次のように分けて考えています。

　「・」…形成的評価を重点的に行う。
　「○」…形成的評価を行いつつ、総括的評価を行う。つまり、記録に残して、評定を出す資料とする。

　あれもこれも見取ろうとすると、根拠集めで心が疲弊してしまうこともあります。ですので、総括的評価は、計画的に「的を絞って」行うようにします。

計画していない姿は、必ず表れる　見取る

　いざ、授業を行っていくと、実際には、計画にない姿が必ず表れます。計画にない姿が表れたときにも形成的評価を行い、子どもの学びを促進させることが重要です。このことについては、アクション 18「7 つの姿でよさを探す」で述べましたので、そちらをご覧ください。

　このように、7 つの姿に見取る姿を分解してみて、的を絞ることから始めてみましょう。

（2）7つの姿と相性抜群の
ルーブリックを使う

「主体的に学習する態度」はペーパーテストで測れない

「知識・技能」「思考・判断・表現」の総括的評価には、困っていないという先生が多くいます。その理由は、「ペーパーテストで測れるから」ということでした。

では、「主体的に学習に取り組む態度」は、なぜペーパーテストで測りにくいのでしょうか。

その答えは、主体的に学習に取り組む態度は、数学的活動の中で発動されるからだと考えます。ペーパーテストで数学的活動を行うことが非常に難しいのです。数学的活動には、子どもの問いが欠かせません。ペーパーテストには、問題は書かれていますが、純粋な問いは生まれません。なぜなら、ペーパーテストは、多くの場合、子どもにとっての既知を問うからです。

「主体的に学習に取り組む態度」の総括的評価を行うには、他の評価方法を用いる必要があります。

ルーブリックとは 　的を絞る

ここで紹介するのが、ルーブリックです。

ルーブリックとは、「絶対評価のための判断基準表」のことであり、「縦軸に評価レベルを位置づけ、横軸に評価したい資質・能力の評価の観点と評価規準を置き、それらが交差するセルに具体的なレベル別の判断基準を文章で書き込んで並べた一覧表」です（田中博之（2017）『実践事例でわかる！　アクティブ・ラーニングの学習評価』学陽書房より引用）。

ペーパーテストで、単純に○か×で分けられないような、思考力や判断力などの資質・能力を、質的に測定することができる方法です。

たとえば、3年「九九の表とかけ算」では、次のようなルーブリックを作成して、総括的評価を行いました（第2章でも紹介した例です）。

評価規準 / 評価基準	（主体的に学習に取り組む態度） **九九の表からきまりを見つけ、それを九九表にない新しいかけ算の計算に用いようとする。また、多様な表現でその計算の仕方を説明しようとする。**
A （◎）	11×7 の求め方を、既習のかけ算の性質などを使って、**複数の方法（2 つ以上）**で求めようとしている。 既習のかけ算の性質 ・11×7 は、11 が 7 個あるという意味 ・かける数が 1 増えると、かけられる数分だけ増える。 ・11×7 ＝ 10×7 ＋ 1×7 という分配の考えなど
B （○）	11×7 の求め方を、既習のかけ算の性質などを使って **1 つの方法**で求めようとしている。
C （△）	11×7 の求め方を、既習のかけ算の性質などを使って求めようとしていない。 ・11×7 ＝ 77 という式だけ書いてある。

　3 年生のはじめの単元です。子どもたちは、10 と 0 のかけ算を本単元で学習してきています。九九の表が広がっていくイメージです。

　既習を使えば、九九にないかけ算でも求めることができることを学んだ子どもたちは、「11 の段や 12 の段のかけ算もできそうだ」と発展的に考えて、次への見通しをもったという段階で取り組んだものです。

7 つの姿から 2 つの姿を取り出す　的を絞る

　先ほどの、3 年「九九の表とかけ算」で作成したルーブリックでは、7 つの姿のうち 2 つの姿が含まれていることにお気づきでしょうか。

　第 3 の姿「多様な表現で考えたり説明したりする姿」と第 5 の姿「学習に活用しようとする姿」です。2 つの姿を見取ろうとすると、視点を複数もつことができます。

　第 3 の姿を見取るポイントの 1 つは、「別な方法はないかと考えているか」でした。これを見取るときには、1 つ、2 つなどの量的な視点をもつことが有効です。また、第 5 の姿を見取るポイントの 1 つは、「既習の知識や考えを

使っているかどうか」でした。この姿を見取る際にも、「既習を使っている」「既習を使っていない」のどちらかに分けることができます。「使っている」を1、「使っていない」を0として捉えると、量的な視点になります。

質的な基準をつくるために、量的な基準を複数用意するのです。

このように、7つの姿から2つの姿を取り出して視点とすることでルーブリックを作成することができます。7つの姿とルーブリックは、相性抜群なのです。ルーブリックをつくる上で、もう1つ大切なポイントがあります。

重要度が高い姿を決めて、評価規準を定めるということです。

今回の場合は、第5の姿「学習に活用しようとする姿」を重点的に育てたいと計画しました。ですので、まずは、既習を使って考えていけるように指導します。今回の場合で言えば、既習のかけ算の性質を使って、未習のかけ算の計算の仕方を考えていけるようにします。既習を使おうとしているかをまずは評価して、B「おおむね満足できる状態」（○）かC「努力を要する状態」（△）かを判断するのです。

その後、AとBの基準の線を第3の姿を視点にして引くことで、A「十分満足できる状態」（◎）の姿を具体的に言葉にしてみました。もちろん、「複数の求め方をするとよい」ということは指導した上での評価です。

7つの姿 ×「思考・判断・表現」で総括的評価を行う　的を絞る

「主体的に学習に取り組む態度」が発動できない原因の1つに、「知識・技能」や「思考・判断・表現」が身についていないことが考えられます。第5の姿で言えば、既習を習得していないのに、その既習を使うことはできないのです。

このように考えれば、7つの姿と「思考・判断・表現」を同時に見取ることもできます。たとえば、次のルーブリックは、5年「小数のわり算」の単元前

半で作成したものです。

評価規準 評価基準	**（主）（思）整数の割り算を基に小数の割り算の仕方を考え、そのよさに触れて説明しようとしている。**
A（◎）	整数のわり算を基に小数のわり算の仕方を考え、整数に直すために割り算の性質を使うとよいことを、そのよさを含めて説明しようとしている。
B（○）	整数のわり算を基に小数のわり算の仕方を考え、説明しようとしている。
C（△）	整数のわり算を基に小数のわり算の仕方を説明しようとしていない。

　主体的に学習に取り組む態度としては、第5の姿「学習に活用しようとする姿」を評価規準に定めました。この姿が発動できたかどうかは、割り算の性質を使って考え、説明することができたかどうかになります。ですので、同時に思考力・判断力・表現力の観点からも評価することができます。

　単元の前半だったということもあり、私は、誤答であっても、既習を使おうとしていれば主体的に学習する態度と思考力・判断力・表現力は○としました。そして、割り算の性質を正しく使えていることと、整数に直すことができるというよさに気づいていれば◎としました。

　このように、「主体的に学習に取り組む態度」を見取るとき、私は、たとえ子どもの考えが誤答であっても、しようとしていることが望ましい方向ならば、すばらしいと考えて、フィードバックするようにしています。

(3) プロセスとゴールは共有する

プロセスを子どもと共有する　　引き出す

　最終的には、子ども自ら数学的活動を遂行できるように、主体的に学習に取り組む態度を育てていくことが、私たちのゴールです。そのために、

> 数学的活動という学習の進め方を子どもたち自身に学んでもらうこと

を意識して指導します。学習の進め方のプロセスを共有することが大切です。

　5年「割合のグラフ」の単元末で、調べたいことを自分で決め、ポスターづくりを行いました。「クラスで人気のある本の種類」「習い事と好きな教科の関係」など何でもオッケーです。「Dデータの活用」では、統計的探究サイクルという統計領域の探究の流れについて学ぶことが大切です。統計的探究サイクルは、数学的活動と類似しています。以下の資料をロイロ・ノートで配付し、⑤から①へ戻ることで追究が深まっていくことを子どもたちに伝えました。

　プロセスを共有することで、次に何をするべきかが明確になり、子どもたちは自信をもって学習を進めることができます。そして、子どもが追究サイクルを自ら回し始めた姿を見取って、形成的評価をします。

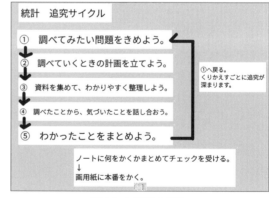

配布した活動の流れ

ゴールを子どもと共有する　フィードバック

　ポスターづくりに入りかけた頃、下のルーブリックを配付しました。

　「美意識」は、相手意識をもってポスターづくりを行うことを意識させるため。「グラフ作成力」は、「知識・技能」の評価の観点。「追究力」は、「思考・判断・表現」の評価の観点であり、第 1 の姿「問い続ける姿」の観点でもあります。第 1 の姿を見取るポイントである「自分の考えを修正しようとしているかどうか」を見取って総括的評価を行いました。

　このルーブリックを子どもに示し、次のように問いかけました。

今、自分の追究は何点ですか？

　活動の途中で振り返る時間を取ったのです。3 項目 3 点満点ですので、9 点が最高点です。子どもの自己評価を促して「フィードバック」しているのです。

　また、ルーブリックでゴールを示すことで、

自分の立ち位置と目指すべき位置が明確になり、次に進むべき道が見え、7 つの姿を発動しやすくなります。

統計	美意識	グラフ作成力	追究力
3点	レイアウトを工夫し、美しく仕上げている。	グラフを複数、正しく作成している。	課題を設定し、計画を適切に立てて、グラフを複数作成し、調べたことから、気付いたことを考え、まとめ、新たな課題を適切に設定している。
2点	レイアウトを工夫し、見やすく仕上げている。	グラフを正しく作成している。	課題を設定し、計画を立てて、グラフを作成し、調べたことから、気付いたことを考え、まとめている。
1点	見やすく仕上げている。	グラフを作成している。	調べたことから、気付いたことを考え、まとめている。

子どもに示したルーブリック

プロセスを保護者にも伝える　フィードバック

　学級通信や学校ホームページ、授業参観などの方法を通じて、数学的活動の
プロセスを保護者にも伝えていくことが大切です。

　たとえば、学級通信で算数の授業の様子をお伝えすることができます。右の
ページに実際の学級通信を掲載します。

　４月のはじめの頃に、トピック教材を使って行った算数授業の特集です。
「計算すること以上に、算数には面白さがある」という私の価値観を書きまし
た。第７の姿である「数学的活動の楽しさを味わう姿」が見られた授業だっ
たので、考え続けている様子をフィードバックしたということです。

　このように、主体的に学習するイメージを、教師と子ども、そして保護者で
共有する努力をしていきたいと考えます。

ゴールを保護者にも伝える　フィードバック

　保護者が子どもの学びの到達度を知るのは、どのタイミングでしょうか。

　・通知表・あゆみなどの書面を受け取るタイミング（年に２、３回）

　・単元末に行われるペーパーテスト、レポートやポスターなどの返却

　これでは少ないというのが私の意見です。私は、通知表で評定を示すだけで
は、フィードバックは十分でないと考えます。なぜなら、複数の単元における
学習の到達度を総括して評定は記されるからです。「主体的に学習に取り組む
態度」の評定だけ伝えても、何をがんばればよいかフィードバックできないの
です。

　しかし、子どもの学習のがんばりを伝える工夫をすることはできます。

　個人懇談会をはじめ、保護者とお話しする機会があれば、「算数の○○の単
元の授業で大活躍でしたよ。黒板に図をかいて、『ここまではわかりますか？』
と言って、相手のわかり具合を確かめながら説明していたのです。とても成長
したなあと思って、うれしくなってしまいました」ということを伝えます。

ゴールに到達したエピソードトークをたくさん貯めておく

そして、それを伝える。すると、子どものやる気がさらに高まります。

きまりを発見する喜びをみんなに【算数】

「算数が好きですか？」

アンケートをしました。上のように尋ねると、「好き…11 人、どちらと言えば好き…15 人、どちらかと言えば好きではない…3 人、好きではない…2 人」という結果になりました。算数好きが多いことが分かりました。3 月には、さらに算数が好きになるように授業していきたいと思います。算数が好きな理由として多くの人が挙げていたのが、「計算が得意だから」というものです。計算できることは、とても大切です。しかし、計算すること以上に、算数には面白さがあると私は考えています。

算数って面白い！そう感じるためのきっかけがもてるかどうかは、「同じ」を見つけることができるかどうかにかかっているのではないかと思います。別の言い方をすれば、「きまり」です。

きまりを発見する喜びを味わってほしくて、次のような問題をみんなで考えました。

> 連続する 2 つの数に、それぞれの数をかけて、差を求めましょう。
> (1)　$15 \times 15 - 14 \times 14 = 29$　　　(2)　$16 \times 16 - 15 \times 15 = 31$

ここで数人が、きまりが見えてきたようで、何か言いたくてうずうずしています。何か見つけたようなので、「みんなが同じようにそのワクワクを味わえるように、ヒントを出すことができますか？」と尋ねました。実は、連続する 2 つの数の和（□＋△）になっているのです。

さて、答えがどれも連続する 2 つの数の和になることは全員が発見しました。私が、「たまたまじゃない？」と言うと、ある人が「絶対なるよ！」とつぶやきました。ここで、この問いこそが算数でとても大切な問いです。仕組みを解き明かしていこうとする考え方は、論理的な思考力を育むからです。

ここで私は、正方形の紙を 2 枚提示し、「これを使って説明できますか？」と提案してみました。周りの人たちと図を使いながら説明し合うことで、「おお！」「分かった！」という声が聞こえてきてうれしく思いました。

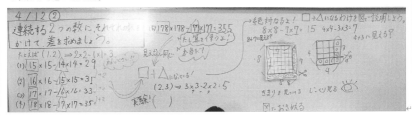

算数②の板書

（4） 子どもの声を見える化し、見取りの精度を上げる

「問いの発信者」 子どもの言葉を板書に残す

見取る　　価値を見つける

　算数の授業をしていると、時折、数学的活動を推進するような問いをつぶやく子どもが現れます。私は、「問いの発信者」と呼んでいます。

> 「問いの発信者」は、第1の姿「問い続ける姿」そのものです。

　下の板書は、5年「面積」の導入で、ジオボード（格子状に杭を打ち込んだボード）でクラスの仲間がつくった平行四辺形を「面積を求めたときに、同じ式で求めることができる平行四辺形」で分類するという授業を行ったときのものです。8種類の平行四辺形を分類した結果を、板書で共有していたとき、ある子が下の3つの平行四辺形を見て次のように、問いを発信しました。

　「あれ？おかしいよ！式は3×2で同じだけど、形がちがう図形があるよ！」

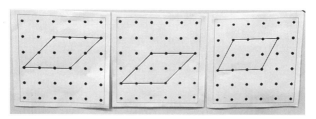

3つの平行四辺形

　本時のねらいは、「面積を求めたときに、同じ式で求めることができる平行四辺形」で分類することで、「同じ式」にカテゴライズした図形の共通点に着目させることでした。そして、平行四辺形を求積するときは、既習の長方形に変形させるとよいことを、多くの事例から一般化させることを試みたのです。

　「おかしい！」と発言した子は、まさに「問いの発信者」です。「式は同じだけど、形がちがう図形があるのは、おかしい」という問いから、授業は、「なぜ、求める式が同じなのに、形のちがう平行四辺形があるのか」という課題へ

移っていきました。話し言葉で発した問いを見取ることができるように、教師が「おかしい！式は同じだけど形がちがう」というように書き言葉に変換して板書に残します（下図の板書　右上の方）。

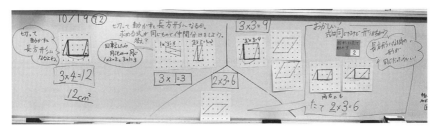

5 年「面積」　子どもの言葉を板書に残す

> 子どもの言葉を板書に残すということは、その発言の中に価値を見つけ、フィードバックしているということです。

　自分の言葉が板書に残された子どもは、自分の発言が認められたと感じます。しかし、授業では、子どもの言葉をすべて板書することはできません。子どもの言葉を板書に残すということは、教師がその言葉を望ましい発言だと判断して選りすぐっていることが多いと考えます。そのため、教師が子どもの発言が望ましいかどうかを判別していると、子どもに悟られないように注意しましょう。自分の発言だけ板書に書かれなかったと、子どもに感じさせてはいけないのです。どの子の発言もすばらしいのですから。

　さて、授業では、教師の価値観を伝える機会があってもよいと思います。「今日は、○○さんが、『おかしい！』と発言してくれて、そこから学びが深まったね。先生は、みんなに問いをどんどん発信してほしいと思っています。だから、みんなの問いは、忘れないように板書しています」などと伝えます。このようにフィードバックしていくと、「問いの発信者」が増えていきます。

表現力を高めつつ、見取りの精度を上げる　見取る

　子どもの姿を見取るとき、

　表情やジェスチャー　＜　話し言葉　＜　書き言葉

の順で、見取りの精度が高まります。「問いの発信者」は、話し言葉で問い
を表現してくれました。形成的評価をする上では、表情やジェスチャーなどの
非言語的な要素も見取れるようにしたい、と常々思います。

　一方で、総括的評価を行う上では、評定につながる記録になるため、

　書き言葉に重きを置いて見取ること

を意識しなければいけません。

　そこで、次に紹介する方法は、子どもの書く力を高める方法です。「評価の
ための指導」ではなく、子どもの表現力を高めるために行います。

「無言の熟考者」　ふきだし法　見取る

　「問いの発信者」に対して、「無言の熟考者」も教室にはいます。

　問いをもってはいるけれど、話し言葉や書き言葉にはなっていない子どもの
思いを見える化するために、私たちはいろいろな手だてを講じています。

　まず、紹介するのは、「ふきだし法」です。

　ノートに、ふきだしを書くように指導します。そこに、自分の考えや思いを
何でも書いていいと指導します。右図は、3年「あまりのあるわり算」の導入
時のある子のノートです。ふきだしを見ると、その子がどんなことを考えてい
るのか見取ることができます。

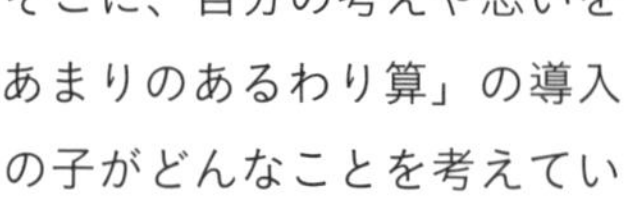

　ふきだしが目の前にあると、中に何かを埋め
たくなる心理が働きます。目の前に水溜りがあ
れば、飛び越えたくなるのと同じように、ふき

だしには考えや思いを書きやすくさせるパワーがあります。ふきだし法につい

ては、亀岡氏・古本氏の著書『算数科授業デザイン「ふきだし法」』（東洋館出版社、2014）に詳しいので、そちらもご覧ください。

「無言の熟考者」　説明書づくり　見取る

5 年「分数」の単元で、分数を用いたオリジナルゲームを考えることを通して、異分母分数の大小比較の仕方を学ぶ授業をしました。単元末に、「4 年生でも、分数ゲームで遊べるように説明書をつくる」という課題に取り組みました。自分たちよりも下の学年に説明するという状況を用意することで、既習を使って説明する姿を引き出そうと試みました。

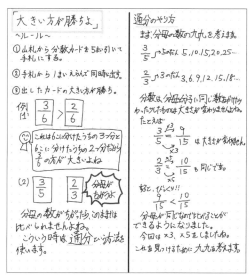

5 年「分数」　下学年に向けたオリジナル分数ゲームの説明書

普段は、人前で発表できない子が、説明書づくりは夢中で取り組んだということもありました。問題を解くことだけが、算数ではありません。多様な課題に取り組む中で表現力を高めていくことで、私たちの見取りの精度も上がっていきます。

（5）振り返りを活用する

第1の姿を見取って形成的評価をする

「まとめ」と「振り返り」 見取る

　第2章で書きましたが、第1の「問い続ける」姿は授業後半で表れる次の
ポイントを見取ることが重要でした。

・問いをもとうとしているか
・自分の考えを修正しようとしているか
・自分の考えをまとめ、さらに新たな問いをもとうとしているか

　この姿は、授業の後半の活動で見取っていきます。授業の後半には、「まと
め」や「振り返り」を行うことが多いと思います。以下は、私なりの整理で
す。

・まとめ…本時の課題に対する、自分（もしくは学級）の答えを出すこと
・振り返り…ここまでの活動を思い出して、学習で大切だと思ったことや
　成長したこと、これまでの学習とのつながり、新たな問いなどを整理す
　ること

　「まとめ」は、知識や大切な見方・考え方を、今後の学習に生かすことがで
きるようにするものです。一方、「振り返り」は、学びの手応えを子ども自身
が実感できるようにするものです。さらに、これまでの学習とのつながりや新
たな問いなどを書くように伝えておくと、新たな問いをもとうとしている姿を
見取ることができます。

　しかし、この振り返りが形式的なものになってはいけません。「やらされて
いる」と感じさせないようにしましょう。そのためには、振り返ってよかった
と思える指導が必要になってきます。

OPPシートを活用する 見取る

　私は、堀哲夫先生の『新訂　一枚ポートフォリオ評価OPPA：一枚の可能

性』（東洋館出版社、2019）を参考にして OPP シートを振り返りで活用することがあります。OPP とは、「ワン・ページ・ポートフォリオ」の略称です。OPP シートとは、一単元分の振り返りを 1 枚の紙に書くように設計されたシートのことです。

　5 年「図形の角」で多角形の内角の和について考える学習で使った OPP シートを見てください。新たな問いをもったことを見取ることができます。

9/1（火）No.38	9/2（水）No.39	9/3（木）No.40
タイトル 三角形は二つで長方形や正方	タイトル 三角形の和は180°	タイトル 多角形の内角の和は分ける方
今日は三角形の角の和が本当に180°になるかどうかを調べた。分度器を使って最初は計った。うまく使えたのでたくさんはかれた。だがいくら速くてもなにも使わない方が速いので、そのやり方に◯◯さんの発言で納得することができました。	今日は三角形の和が全部の三角形が180°になるのかを調べた。まず分度器で調べたが人間の手で切ったりはかったりしているので誤差がでました。そこで合体法を使って調べると180°になりました。最後に◯◯さんがわける法を発表してよりわかりやすくなった。	今日は多角形の内角の和を調べました。そうするとどの図形も分度で計ると誤差がでたが、分ける法で三角形が何個入るかを調べるとその量×180＝内角の和になった。 また、これになにが疑問があるのかが知りたくなった。

新たな問いをもったことを見取ることができる記述

OPP シートの実例

　1 枚になっている利点は、過去の振り返りが目に入ることで、その授業を思い出せることだと考えます。この振り返りを書いた子どもは、はじめは内角の和を分度器で調べましたが、次第に誤差が生まれるという課題を見つけ、他の確実な方法に自分の考えを修正していることが読み取れます。

複数の授業を1枚にまとめることで、つながりのある思考が見えてきます。その結果、自分の考えを修正していく様子も見取りやすくなります。

振り返りから授業を始める　フィードバック

振り返ってよかったと思える機会をたくさんつくりたいと思います。

その1つの方法として、振り返りから授業を始めてみてはいかがでしょうか。

前時に子どもが書いた振り返りを紹介するのです。たとえば、前ページのOPPシートを紹介し、「多角形の内角の和に規則性があるか」という問いをクラスの仲間に広げることができます。

> 子どもがもった新たな問いを基にして課題を設定していくことで、子どもは振り返りに価値を感じるようになります。

人は、自分で決めたことに対しては主体的になれます。いつでも教師から与えられる課題に取り組んでいるだけでは、主体性は育たないのです。

つながりを意識させる　引き出す

振り返りには、第5の姿「学習に活用しようとする姿」を引き出す効果もあるので紹介します。

> 授業にナンバリングすることです。

4月の算数の授業から数えて、「No. ○」と授業のはじめに毎回記録していきます。これは、取り組まれている先生を多く見かけます。ここで大切なことは、「この前やった考えと同じだ！」というような発言が授業で表れたときに、「それは、ナンバーいくつの授業で学習しましたか？」と問いかけることです。

すると、何人かの子どもたちは、ノートの前のページをめくって、その考えがどこで出てきたか振り返ります。その姿を、「今、ページをめくった子は、

自分で探そうとしていてすごいね」と価値を見つけてフィードバックします。これは、第 5 の姿を形成的に評価しているのです。

　ナンバーが、過去の記憶の引き出しの取っ手になり、既習の学習内容と今の学習内容のつながりを見いだしやすくさせるのです。

　ナンバーは、振り返りの記述にも表れてきます。

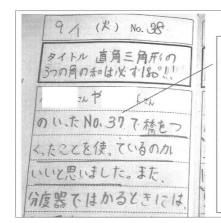

「○○さんや、○○さんのいったNO.37で橋をつくったことを使っているのがいいと思いました。」と記述している。

前の学習とつながっていると気付いていることが分かる。

ナンバーを使った振り返りの実例

　第 1 の姿とは話が逸れてしまいましたが、振り返りの記述の内容を見取って、地道に形成的評価を繰り返すことが大切だと考えます。

（6）問い続ける姿を引き出す指導技術を使う

第1の姿を引き出し、形成的評価する

子どもの論理を尊重する　引き出す

　問い続ける姿を育てるためには、子どもがもった問いを尊重し、その問いについて追究するような学習を展開する必要があります。そこで、教師の基本的な姿勢として、次のことを心がけたいと思います。

子どもの論理に付き合う

　子どものもつ問いや着眼点は、実に多様です。ですから、授業ではこちらの想定外の子どもの論理に遭遇することがたくさんあります。

　第2章の日常生活に活用しようとする姿の具体例でも取り上げた3年「円と球」の学習の第1時に表れた想定外を例に、子どもの論理に付き合うことの大切さを述べていきたいと思います。

　「みんなで輪投げをします。参加者は同時に輪っかを投げます。参加者は、どこから投げるとよいでしょうか」という問題場面です。

　この単元では、子どもがもっている「まる」という感覚的な概念を、平等な輪投げの仕方を考えることを通して、「円」という数学的な概念にまで高めることが、ねらいの1つです。

　はじめに、教室の前1列目の子だけに輪を配り、その場で投げさせました。間髪入れずに、「列の端っこにいる子がかわいそうだよ」という声が。的までの距離が遠いから「かわいそう」だと確認しました。そして、「みんなが平等になるように、投げる人の場所を考えよう」というめあてをもたせました。

　しばらく、一人で考える時間を取った後、黒板で2人目、3人目…と順番にどこから投げるとよいか確認していきました。多くの子が、ものさしを使って、的から投げる人の場所までの距離が同じになるようにしていました。

　私はこのとき、このまま、円の定義に迫れると考えていました。

　しかし、6人目の位置を確認したとき、「平等じゃない」と「平等だ」という2つの意見に分かれたのです。

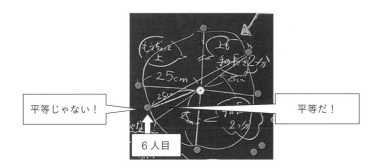

平等じゃない！

平等だ！

6人目

　「平等じゃない」と考えた子どもの論理は、2つありました。

　「向かいに人がいないから」というものと「近くに人がいて、ソーシャルディスタンスが保たれない」というものです。たしかに、輪投げをクラスのみんなと一緒にするという文脈なら、これらの主張は妥当なものです。

　このように想定外の考えが表れた場面で、その主張を受け入れるという姿勢でいることが、第1の姿を引き出す上で欠かせないのです。

　さて、この日の授業は、平等かどうか意見が割れたままで終わってしまいました。そこで、次の授業では、実際にみんなで輪投げをすることから始めました。教室にスペースをつくり、30人で輪をつくりました。輪投げをした後で感想を聞きました。隣の人とぶつかってしまったり、きれいな円をつくれなかったりするという課題が生まれました。「向かいに人がいるかどうかはあまり関係がない」「もっと大きな円じゃないと隣の人に当たる」という結論が出ました。

　この後、結論を一人ひとりがまとめる時間を取りました。

　「まとめ」は、「本時の課題に対する、自分（もしくは学級）の答えを出すこと」でした。ほとんどの子どもが、「投げる線は、きれいなまるにするとよい」とまとめました。ここで、私から円という用語を教えました。

　そして、授業は、「きれいな円をかくにはどうしたらよいか」という課題について考える方向へと進んでいきました。

極端もしくは、厳密なまとめをする ｜引き出す｜

　先ほど、「円という用語を教える」と簡単に書きましたが、実際は次のようなやりとりを子どもと行なっています。

T：まとめたことを発表しましょう。　　　　　　T：教師　C：児童

C：平等な輪投げにするには、投げる線をまるにするとよいです。

C：同じ意見で、まるにすると、的までの長さが同じになるからです。

T：意見で共通していたことを板書に残しておくね。キーワードは、何になるかな？

C：まるです。

C：投げる線がまるです。

T：やってみたけど、みんなのまるは…。

C：ぐちゃぐちゃだった。

C：きれいなまるにしたいね。

T：どうやら、「きれいなまる」がキーワードみたいだね。

T：(板書)「平等な輪投げにするには、大きいきれいなまるなら何でもよい」

C：きれいなまるなら何でもいいわけじゃない！

C：たとえば、細長いまるはダメだと思う。

T：どうして細長いまるはダメなの？

C：もしも、こんな細長いまるがあったとするでしょ？　投げる場所によって、的までの長さがちがうからだよ。

C：まんまるじゃないといけないね。

T：まんまるって？

C：まんまるだと、上も横も斜めもどこでも　　　
　　的までの長さが同じだから、どこから輪
　　を投げても平等になります。

T：実は、まんまるは、算数の言葉で「円」と言います。

　教師がまとめを板書する際に、「何でもよい」という考察範囲を思いっきり広げた極端なまとめをしました。すると、子どもは、「何でもいいわけじゃない」と、「きれいな大きいまる」という言葉が指す考察範囲について、新たな問いが生まれます。「『きれいな大きいまる』でも、まんまるじゃないといけない。なぜなら、どこから投げても的までの距離が同じになるから」といって、根拠をよりはっきりとさせます。

> 極端なまとめを教師が行うことで、子どもは考察範囲に着目し始めます。

　極端なまとめを教師が行う背景には、算数・数学の学習では、考察範囲や問題の条件を厳密に意識してほしいというねらいがあります。

　5 年「図形の角」で、直角三角形の内角の和を調べる学習をまとめる際には、「直角三角形**は**、3 つの角の和が 180°になる」と、助詞「は」を強調することも同じねらいがあります。たった一文字で子どもの思考が変わるということについては、森本隆史氏の『算数授業を子どもと創る：授業を変える言葉とかかわり方』（東洋館出版社、2021）で学びました。

授業の壁を取っ払う　価値を見つける

　私は、授業終わりのチャイムの合図を守るように心がけています。そのため、授業で子どもが新たな問いをもったところでチャイムが鳴ってしまい、続きは次回ということもよくあります。このようにすると、次の日の算数の授業で、自主学習としてその新たな問いについて追究してくる子どもが出てくることがあります。問い続ける姿は、授業で先生の振る舞いを少しだけ変えることで子どもから引き出すことができます。

　何度か同僚の先生から「休み時間や自主学習の時間の取り組みを評価に入れてもいいんですか」という質問を受けたことがあります。多くの場合は、総括的評価に入れてもよいかというニュアンスの質問でした。その質問に対する私の考えは、「総括的評価に入れる際は、公平ではないので入れませんが、形成的評価は必ずしてほしい」です。

（7）よさに気づかせるしかけをする

第2の姿を引き出し、形成的評価をする

よさに気づかせる教師の心構え

第2の姿「数学のよさに気づく姿」を引き出すために必要な教師の心構えがあります。

よさを押しつけず、気づかせる

よいかどうかは、子ども自身が決めるものです。授業では、よさに気づかせるしかけを考えていく必要があります。

よさに気づかせるためには、経験させる

よいかどうかは、その考え方や解決方法を自分で試すことで、初めて気づくことができます。1つの問題を解いてよさを問うよりも、2問以上解く時間をとってからよさを問う。仲間の考えた解決方法をノートに書かせてみる。仲間の考えを聞いてインプットするだけではなく、アウトプットさせる。このようにして、その考えや解決方法を経験させることが重要です。

不正解の中にもよさがあると心得る

算数では、正解だけではなく不正解の中にもよさがあります。「結果は間違いでも、その結果に至るまでの過程の中によさがある」。そのような心構えでいることで、子どもも同じような思いをもって仲間の考えを受け入れることができるようになります。

よさの対極の場面を出しておく　引き出す

子どもに気づかせたいよさがあります。授業では、よさを含んだエレガントな解決方法だけを扱っても、よさに気づかせることはできません。よさの対極の場面を出しておくことが必要です。

たとえば、5年「表を使って考えよう」の学習で、「表を使って順に調べ、

きまりを見つけるよさに気づかせたい」と考えたとします。扱ったのは教科書に掲載されていた次の問題です。

> 長方形の紙を、下図のように 2 つに折り、それをまた 2 つに折り、さらに 2 つに折り、…ということをくり返していきます。もし、6 回折って広げたとすると、折り目で分けられた長方形の数は何個になりますか。

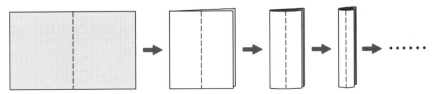

わくわく算数 5（啓林館、P.184）から引用

　よさの対極の場面を考えてみます。「表を使わない。きまりにも目を向けない」場面です。私は、シンプルに紙を 6 回折って調べる方法が真っ先に思いつきました。きっと子どもも紙を折ってみることから始めるでしょう。試しに手元にある A4 用紙を 6 回折ってみました。が、5 回までは折れるのですが、6 回目は紙が分厚くなってしまい折ることができないということがわかりました。実際に折ってみると調べられないという場面を出しておくことで、表を使ってきまりを見つけるよさが際立ってきます。それにしても教科書の 6 回という数値設定は絶妙です。

　もう 1 つ例を出します。5 年「図を使って考えよう」の単元。次の問題で「図をかいて、同じものに目をつけて、差し引いて考えるよさに気づかせたい」と考えました。

> 入場券 1 枚と乗り物券 7 枚を買うと、1200 円になりました。入場券 1 枚と乗り物券 5 枚では、1000 円になるそうです。乗り物券 1 枚の値段は何円ですか。

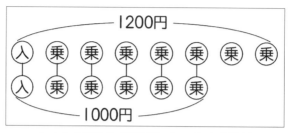

わくわく算数 5（啓林館、P.124）から引用

　上の場面の対極を考えてみます。「上のような整理された図を使わない。同じが見えない」場面です。まずは、入場券と乗り物券が手元にある状況を考えてみました。バラバラで整理されていない状況です。同じが見えない場面です。子どもたちにも、問題場面を把握するために、バラバラにして見せることにしました。すると、ある子が、「動かしたい」と言い出しました。そして、下図のように整理された図をつくってくれました。バラバラにして見せたことにより、子どもから「整理したい」という思いを引き出すことができました。よさの対極の場面を出すことで、数学的な見方・考え方を引き出すこともできます。

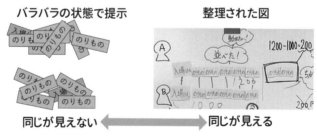

よさの対極の場面とよさが見える場面

よさを共有する 　引き出す

「今日の授業で、よいと思った考えはどれですか」

　この発問をすると、子どもたちはよいところを見つけようとします。しかし、理想は、子どもたちがよいところを自分で見つけることです。

　私は、授業の終末に「今日使った考えの中で大切だと思った考えは、どんな考えですか」と問い、本時の学習で使った知識や考え方にかわいくネーミングして「算数の花」としてまとめています。その一部を紹介します。

かけツバタ…（1つ分）がいくつ分あるという見方
たんいポポ…○○のいくつ分で考える
わけるネーション…○○と△△で分ける
ならっテン…これまでに習ったことを使って考える
図ーリップ…図に表す考え
じゃあスミン…「じゃあ、こうしたらどうか」と発展させる考え

算数の花

　算数の花は、単元内・外で繰り返し登場することになります。3年「長さ」の学習で、長さの足し算を学習していたときでも、過去の単元で登場した「たんいポポ」と「わけるネーション」が登場しました。子どもたちは、「あ！わけるネーションだ！」というように、繰り返し使われている考え方を見つけると声に出して反応するようになってきました。見つけた算数の花は、算数の花カードを黒板に貼ります。そして、登場したらその度にシールを貼ります。何度登場したのか目に見えるようにするためです。この活動をすることで、子どもたち自身が自分たちの学びの中から価値を見つけ、フィードバックするようになります。

(8) つまずきにも価値があること を伝えておく

第2の姿を引き出し、形成的評価をする

■ どうしてこのように考えたんだと思う？　引き出す

　「結果は間違いでも、その結果に至るまでの過程の中によさがある」という心構えをもつことが大切であることは、前項で述べました。ここでは、第2の姿「数学のよさに気づく姿」を引き出すために、どのようなアクションをしていくとよいのか考えていきます。

　まず、誤答が出たときには、次のように問いかけるようにしています。

> どうしてこのように考えたんだと思う？

　ある子が考えを発表して、多くの子が間違いだと判断したとき。また、多くの子が、自分の考えの方が優れていると判断したとき。このときこそ、つまずきにも価値があることを伝えるチャンスです。

　3年「円と球」の学習で、球（ボール）の直径の長さを測る活動をしたときに、コンパスを使ってボールの直径を測る方法を、ある子が発表しました。

　この考えが発表されたとき、他の多くの子どもは、間接的に測る方法を発表したくてしょうがない様子でした。

　そのような雰囲気の中、私は、「どうしてコンパスを使おうと思ったんだろうね」とみんなに問いかけました。

　「前の授業で、コンパスは長さを写し取る道具だと学んだからです」

　「ぼくも、そのように考えたよ」

と、子どもたちは答えてくれました。

　私はそれに続けて、「この考え方のよさは何ですか」と問いかけました。

　「習ったことを使っているところです」と、子どもたち。

　コンパスを使うと、正確に直径を測ることが難し

い。ですが、習ったことを使おうとする考え方は、算数では価値のある考え方です。

　誤答に対しても、

> この考え方のよさは何ですか？

と、直接よさを問うことが、第 2 の姿を引き出す上で有効です。

問題を変えてしまう　引き出す

　他にも、誤答が出たときに次のように投げかけることもできます。

> この答えが正解になるように、問題を変えるとしたらどこを変えますか？

　5 年「合同な図形」で、「四角形を 1 本の対角線で 2 つの三角形に分けます。2 つの図形は、合同になるでしょうか」という問題を考えたときのことです。

　まず、四角形には正方形や平行四辺形、台形などたくさんの種類があることを確認しました。「台形なら合同になる」というつぶやきがあったので、台形のときから考えてみようと投げかけました。私は、等脚台形を板書しました。

　右下のような答えが出ました。

　真ん中に線を引いて、合同になるという考えです。これは誤答です。問題文には、「1 本の対角線で」と書いてあるからです。子どももこの言葉に着目して、この引き方は間違いだと言います。

　私は、「では、この引き方が正解になるように、問題を変えるとしたらどこを変えますか」と問いかけました。

　「『1 本の対角線』ではなくて、『1 本の線』にすると正解になります」

　「『2 つの三角形』ではなくて、『2 つの四角形』にしないといけません」

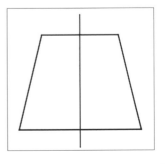

と、問題文を修正していきます。この活動は、問題文の条件を整理する活動にもなりました。私は、「本当に正解になる？」と改めて尋ねました。子どもたちは、辺の長さや角の大きさに着目して合同になることを説明しました。

　合同かどうか判断するには、辺の長さや角の大きさに着目する数学的な見方を働かせる必要があります。問題を変えてしまうとその分時間がかかってしまう心配があるかもしれません。しかし、遠回りのように見えて、考える内容は実のところ同じなのです。

　誤答が出たときに、それが正解になるように問題を変えてしまう。そうすることで、誤答が正解に変わったり、問題の条件に着目するきっかけになったりします。

　誤答が、深い学びのきっかけになるという経験をたくさんさせる。

　これが、私の考える「つまずきにも価値がある」ことの伝え方です。

フォロワーを褒める　　価値を見つける　　フードバックする

　つまずきにも価値があることが、子どもたちに伝わってくると、フォロワーが育ってきます。

> フォロワーとは、つまずいた仲間の気持ちに寄り添い、誤答のよさに気づく子どものことです。

　5年「小数のかけ算」で、小数×小数の筆算について学習したときのことです。

　小数のかけ算の計算の仕方は前時に学習したので、ほとんどの子どもたちがかけ算の性質を使って、「4.2×3.4 ＝ 14.28」という正しい積を求めることができていました。

　次に、「今日は小数のかけ算の筆算の仕方を考えます」と投げかけました。

　整数×整数の筆算の仕方を復習した後、「小数×小数の筆算は、どのように書くと思いますか」と尋ねました。

　すると、ある子が「おかしい。小数点を下ろしたら答えと合わなくなる」と

言い出しました。どのように筆算をしたのか尋ねると、右の写真のように小数点を真下に下ろして、4.2×3.4＝142.8としていました。

　4.2×3.4の積は確認済みであったため、その考え方の間違いに気づいたようでした。

　すると、周りの子どもたちが、「小数点をそのまま下ろしたんだね」とその子の気持ちに共感しました。そして、「もしも、4.2×34だったら、小数点をおろせば正解になるね」とフォローしたのです。そして、「習ったことを使っているね」と、教師顔負けの言葉でフォローした子もいました。

　私は、「『もしも、〜だったら』という言葉は、すてきだね。間違いを正解にしてくれるのですね。ナイスフォロー！」と褒めました。そして、自然と拍手が起きました。

　とても温かい空気が教室に広がっていきました。

　「そのまま小数点を下ろす」というのはここでは誤りです。ですが、子どもたちの既習は小数×整数の筆算。小数点をそのまま下ろしてくるという学習をたくさんしてきています。誤答をした子は、素直に考えた結果だったのです。

　第2の姿「数学のよさに気づく姿」は、誤答の中の数学のよさに気づく姿でもあるのです。

（9）多様な表現で考える習慣を身につけさせる

第3の姿を引き出し、形成的評価をする

基本は3点セットを習慣にする　引き出す

　第2章では、第3の姿を「多様な表現で考える姿」と「多様な表現で説明する姿」に分けて、その必要性について述べました。

　ここでは、子どもに多様な表現で考えるよさをどのように伝えていけばよいのか考えていきます。

　まず私は、「図（絵）、言葉、式の3点セットがあるとわかりやすい」ということを伝えています。子どもたちに、算数の学習では3つの種類の表現があることを教えるためです。右の図を教室のテレビに映して、3つの表現で考えることを習慣づけるようにしています。図から式へ、式から図へな

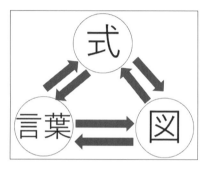

どと表現を置き換えることで理解が深まります。このことも同じように、「文章題（言葉）を読んで、式をかくだけではなくて、式から図に表すことができると、深く理解したということだよ」などと伝えることもあります。

　もちろん、私が一方的に価値を押しつけるのでは子どもに受け入れられません。子どもが、「いろいろな表現があると、わかりやすいなあ」「人にない考えを生み出すのが楽しい」と思えるように指導することが大切です。

伝わる表現を使おうとしているか　価値を見つける

　多様な表現で説明する姿を見取って、どのように価値を見つけるとよいのかについて考えていきます。第3の姿を単元末に総括的評価する際の方法もお伝えします。

　子どもの表現を見て最初に気になるのは、その正誤でしょう。しかし、正誤の判定よりも先に見取ることがあります。それは、次のことです。

相手に伝わる表現を使おうとしているか

　総括的評価でこの観点を使うときは、先生が相手に伝わる表現を、子どもに指導している必要があります。相手に伝わる表現とは、指導した表現なのです。

　指導した表現を考える際には、反対の指導していない表現を考えるとイメージしやすくなります。指導していない表現とは、たとえば、子どもが塾などで先取り学習していて、内容は合っているけれど全員の共通理解が得られていない表現です。先取り学習を否定する気は全くないのですが、クラスの仲間に対しては、どんな表現ならば伝わるかを考える人に育ってほしいと考えています。子どもが、相手に伝わる表現を使おうとしていれば、たとえ誤りであっても、態度には○を付けてよいと考えています。

　では、この第3の姿を総括的評価の観点として使う際に、○と◎の基準の線は、どこに引けばよいのでしょうか。

　私は、次の2つの基準を学習内容に照らし合わせて選んで使っています。

正しく伝わる表現かどうか

　正誤の判定をして、合っていれば◎ということです。

1つの事柄に対して2つ以上の考え方を示そうとしているかどうか

　多様な表現で考えるよさを子どもに伝えていることが前提です。
　それでは、第3の姿を引き出すアクションをさらにご紹介していきます。

表現を置き換える活動を取り入れる　引き出す

　授業では、次のような発問で、表現を置き換える活動を取り入れています。
「この図を式に表すと、どんな式になりますか」
「この問題文を絵にかいてみましょう」
「この式になる文章題をつくることができますか」

表現を置き換える活動をすると、多様な表現をクラス全体で共有することができます。そして、1つの事柄に対して、多様な見方をしていくことになります。また、色々な見方をしても、結果は1つに決まりそうだと子どもたちが気づくことで、結果の妥当性や納得感が高まっていきます。

　表現を置き換える活動は、ゲーム化することで楽しみながら行うこともできます。たとえば、6年「分数÷整数」の学習では、面積図かるたをつくって遊びました。文章を読んで、その場面に合う面積図を取るというルールです。かるたにするという発想は、元筑波大学附属小学校の田中博史氏の文章題かるたを参考にさせていただきました。

読み札(文章)　　取り札(面積図)

面積図かるた

机間実況で広める　　引き出す

　私は、子どもたちが一人で問題に向かう場面で、机間巡視をしながら学習の様子を実況中継することで、第3の姿を広めています。

　「○○さんは、2つ目の方法を考えています」と言ったように、見取ったことを言葉にしていきます。「おお！　その考えは面白いね」「新しい考えかもしれない」という私の感想もあえて教室中に聞こえるくらいの声で実況することで、子どもたちはクラスの仲間の考えに興味をもち始めます。

　私は、これを「机間実況」と呼んでいます。机間実況をすることで、仲間の考えに興味をもった子どもたちは、自分でも「図に表せないかな」と別の表現で考えようとしだします。また、仲間の考えが気になり、考えを共有する時間が楽しみになります。

　机間実況をして、多様な表現で考えている子どもの姿を学級全体にフィードバックすることで、第3の姿を引き出しているのです。

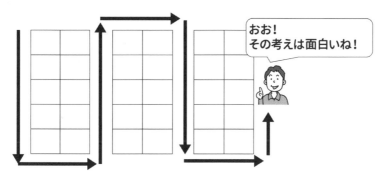

多様な表現で考える姿を引き出す机間実況

　このように、多様な表現で考える楽しさとよさ、相手に伝わる喜びを味わうことで、多様な表現で考える習慣が身についてくるように思います。

　その一方で、人間は、問題を解決したと思うと満足してしまう存在だということを忘れてはいけません。1 つの解決方法、1 つの表現で満足してしまうのは、「自分だけが問題が解けること」がその子にとってのゴールだからです。

　では、多様な表現で考えようとするモチベーションを高めるには、どうすればよいのでしょうか。それは、「クラスの仲間全員が納得すること」をゴールにすればよいのです。次のアクションをご覧ください。

(10)「みんなが納得」を目指す 社会数学的規範を創る

第3の姿を引き出し、形成的評価をする

子どもの学び方に目を向けてみる 　引き出す

「全員がわかる・できる授業がしたい」

　先生になりたての過去の私の思いです。そのために、つまずいている子ども
がいれば机間指導をしてたくさん教えました。休み時間に呼んで、一対一で教
えることもありました。子どもは、わからないときには先生に教えてもらうと
いう学び方を学んでいました。

　今の私は、同じように「全員がわかる・できる授業がしたい」と思っていま
す。しかし、やっていることは前とはちがいます。つまずいている子どもの気
持ちに寄り添い、みんなで代わる代わる説明するように背中を押しています。
「算数の授業は、自分がわかるだけがゴールではありません。みんなが納得で
きるように、自分の考えを伝え合うことが大切」「納得できるポイントは、人
によってちがいます。だから、いろいろな考えでたくさん説明し合うことが大
切」と、学級で語ることもあります。私は、「授業のゴールは、みんなが納得
すること」「わからないときには、みんなで話し合っていくという学び方を学
んでほしい」と考えています。

　第3の姿「多様な方法で考え説明しようとする姿」を引き出すためには、
前提として、先生も子どもも

> みんなが納得できるように、みんなで話し合っていくことが大切だ

という思いをもつ必要があります。そうすれば、多様な表現で考えたり説明し
たりする必要性に気づくことができるからです。

先生の振る舞いが社会数学的規範を創ることを知る 　引き出す

　算数の授業には、特有の規範があります。暗黙的なルールのようなもので
す。これは、「社会数学的規範」と呼ばれています（Yackel, E. & Cobb, P
(1996)）。

　たとえば、ある子が自分の考えを発表した場面。ここで、先生が、全体に向かって「みんなわかった？」と問いかけたとします。何人かが「わかった！！」と反応しました。そして、数人がわかったと言うだけで、授業を先に進めていくことを繰り返したとします。

　すると、この教室には、「数人がわかれば、授業は先に進んでもよい」という社会数学的規範が創られていきます。そして、わからない立場の子どもたちは、その規範に従って次第に算数の授業から心が遠ざかっていくでしょう。

　望ましくない社会数学的規範があれば、望ましい社会数学的規範もあります。ここでは、「みんなが納得できるように、みんなで話し合っていくことが大切だ」という社会数学的規範を創る振る舞いについて考えていきます。

納得バロメーター挙手で納得具合を数値化する　引き出す

　納得バロメーター挙手とは、以下のことです。

納得具合を数値化した挙手

　「今の納得具合を教えてください。完璧に納得なら 5。いまいちなら 1。その間なら 2 〜 4 で表してね。では、手を挙げて。せえの、どん！」と言って、納得具合を挙手で表してもらいます。

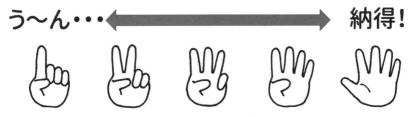

納得バロメーター挙手

　納得バロメーター挙手は、納得具合を自己評価したものです。先生から見たら、子どもの納得具合を一番手軽に見取ることができる手だてです。納得具合を見取って、授業の展開に生かしていくことができます。つまり、形成的評価

をすることができます。また、挙手をしている状態で、「周りを見渡してごらん。1〜4の人はきっと何かが引っかかっているのだと思う。近くの人と話してみよう」と投げかけます。すると、子どもが周りの仲間の納得具合を知ることができます。子どもたちの間で、説明する必要感が自然と生まれます。

ポイントは、全員が手を挙げることです。もちろん、納得具合を挙手で表すことに抵抗があったり、恥ずかしかったりする子もいます。そのような場合には、その姿を見取って、なぜ手を挙げられないのか考えるとよいでしょう。

先生が、いつでも全員の納得具合を確認しながら授業を進めていくことで、教室に「みんなの納得具合を大切にすべきである」という社会数学的規範が創られていきます。

子どもが表現を変えた瞬間を見逃さない 見取る

多様な表現で考えたり説明したりする姿を見るポイントは、「相手に応じて表現を変えようとしているか」でした。具体的に考えると、相手が納得できていないようならば、別な表現で説明したり、別な解決方法を示したりする姿を見取ることが大切です。

そのために、全体で話し合うよりも自由に立ち歩かせて、仲間と対話をするという学習方法を使うことがあります。これは、筑波大学附属小学校の森本隆史氏が提唱する「旅学習」を参考にしています。

5年「速さ」の学習で、カンガルーとダチョウの足の速さを比べたときのことです。AさんはBさんと話し合いながら考えていました。Aさんのノートには、右のように正しい考え方が書かれていました。私は、「結局、どち

らが速いの？」と尋ねました。

　Ａさんは、「1 秒で 20m 進むカンガルー」と答えました。これは、誤答でした。最後の答えの解釈の部分で間違えていたのです。

> Ｔ：どうしてカンガルーの方が速いと思ったの？
> Ａ：同じ秒数で、進んだ距離が短いから、カンガルーの方が速く移動できます
> Ｂ：だけどさ、たとえば野球のボールだとするよ。野球のボールは、こんなに遅くないけど、1 秒でボールが 20m 進むでしょ？　ダチョウの方は、1 秒でボールが 23m 進むよね？
> Ａ：ああ！　同じ秒数でたくさん進む方が速いね

　Ｂさんは、カンガルーとダチョウをＡさんの好きな野球の話に置き換えて説明しました。Ａさんは、その説明を聞いて納得できたようでした。Ｂさんのように、相手の立場で考え、相手の好きなものに置き換えて説明する姿はとてもすてきでした。この姿を、学級全体にフィードバックします。この積み重ねによって、相手意識のある説明をしようとする態度を育てていきたいと考えます。

　「旅学習」をすると、子ども同士の対話の量が増えます。つまり、第 3 の姿を見取るチャンスも増えるのです。

　子どもが表現を変えた瞬間を少しでも多く見取れるように、全体で話し合ったり、ペアで話し合ったりするだけでなく、時には自由に立ち歩かせてみるなど学習方法を柔軟に変えていくとよいと思います。

　このように、「みんなが納得」を目指して、どのような暗黙のルールが教室に創られているかをチェックしていく姿勢が、望ましい社会数学的規範をつくっていく上で必要です。

（11）多様な考えの比べ方を教える

第4の姿を引き出し、形成的評価をする

多様性の類型化4つのタイプを意識する　 的を絞る 　 引き出す

　第4の「多面的・批判的に分析し判断しようとする姿」を見取るために、仲間の考えを理解しようとしている姿や、複数の考えの中から根拠をもって最適な解を選ぼうとしたりする姿の引き出し方について考えていきます。最適な解とはどんな解かというと、多様な考えのタイプによって変わります。子どもの考えの多様性は、次のように類型化することができます。

独立的な多様性

　…数学的な考えとしては妥当であり、かつアイデアとしては互いに関連が薄いか無関係であり、それぞれに同等な価値があると考えられる多様性

序列化可能な多様性

　…数学的な効率性の面から見て、それぞれの考えを1番よい考え、2番目によい考え、…、ねらいから見て望ましくない考え、というように序列をつけることができる多様性

統合化可能な多様性

　…共通性に着目することによって、1つの考えにまとめることができる多様性

構造化可能な多様性

　…関連性に着目することによって、いくつかのグループにまとめることができる多様性

（古藤怜・新潟算数教育研究会（1998）『コミュニケーションで創る新しい算数学習：多様な考えの生かし方まとめ方』、東洋館出版社より引用）

　子どもたちの考えが、この4つのタイプのどれに当たるのか意識して授業をすることが大切です。4つのタイプを意識すると、教師の発問が変わりま

す。すると、子どもの思考も変わります。そして、最適な解かどうかの根拠も変わります。

　それぞれのタイプについて、さらに具体的に説明していきます。

〈独立的な多様性〉

　第2章で例に挙げた6年「資料の調べ方」は、このタイプです。

　スキージャンプの監督になってA選手とB選手の練習の記録から代表選手を選ぶという課題です。

　平均値に着目した考え、散らばり具合に着目した考えなど、それぞれが妥当な考えです。私は、授業の終末で次のように投げかけました。

> ここまでの話し合いを踏まえて、自分の結論をノートに書きましょう。

　このように投げかけることで、子どもたちは、複数の考えを比べようとし始めます。独立的な多様性を扱う場合は、どの考えを選んでも正解です。

　評価をするときには、子どもが根拠を明確にしているかどうかを見取るとよいでしょう。

独立的な多様性

| よい記録10回分の平均値で比べる考え 結論：A選手 | 最大値に着目した考え 結論：A選手 | すべての記録の平均値で比べる考え 結論：B選手 | ・・・ | 散らばり具合に着目した考え 結論：B選手 |

 根拠をもって選ぼうとしているかを見取る

〈序列化可能な多様性〉

　5年「単位量あたりの大きさ」の導入。部屋の混み具合を比べる課題です。

たたみの枚数と人数の２つの量に着目することで、混み具合を比べられそうだという見通しをもった子どもたちは、次のように混み具合を考えました。

公倍数の考え

	Aの部屋		Aの部屋
たたみの枚数（枚）	1 0	×４	4 0
人数（人）	6	×４	2 4

	Cの部屋		Cの部屋
たたみの枚数（枚）	8	×５	4 0
人数（人）	5	×５	2 5

たたみの数が同じだから人の数が多いCの部屋の方が混んでいる

単位量あたりの大きさに着目する考え

子ども１人あたりのたたみの数は、
Aの部屋
　10÷6＝1.666・・・　　　１人あたり1.666・・・枚使える
Cの部屋
　8÷5＝1.6　　　　　　　１人あたり1.6枚使える

１人が使えるたたみの枚数が少ない方が混んでいる

　問題が解決したところで、私はもう１つＤの部屋（たたみの枚数12枚／人数７人）を提示しました。そして、次のように投げかけました。

　今日学習した考えを使って、この部屋の混み具合も比べられるかな。

　「問題の数値を変えて混み具合を比べてみよう」ともちかけることで、「いつでも使える考えはどれか」という一般性の視点からそれぞれの考えを比べてほしいと思ったからです。このように、序列化可能な多様性を扱うときには、数学のよさの視点から根拠をもって選ぼうとしているか見取るとよいでしょう。実は、この姿は第２の「数学のよさに気づく姿」と同時に見取ることができます。７つの姿は、それぞれが関連しているため、複数の姿と捉えることができる場合も多いことを加えて記しておきます。

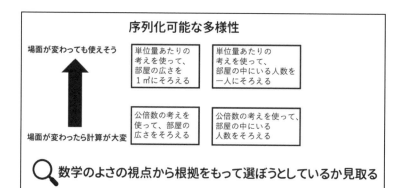

序列化可能な多様性

場面が変わっても使えそう

単位量あたりの考えを使って、部屋の広さを1㎡にそろえる	単位量あたりの考えを使って、部屋の中にいる人数を一人にそろえる
公倍数の考えを使って、部屋の広さをそろえる	公倍数の考えを使って、部屋の中にいる人数をそろえる

場面が変わったら計算が大変

🔍 **数学のよさの視点から根拠をもって選ぼうとしているか見取る**

〈統合化可能な多様性〉〈構造化可能な多様性〉

　5 年「面積」では、長方形の面積の求め方を基にして、平行四辺形、三角形、一般的な四角形…と多角形の面積の求め方を学習していきます。

　この単元の終末で、台形の面積の求め方を考えました。子どもたちは、多くの考えを生み出しました。授業終末で、私は次のように投げかけました。

　どの求め方にも共通している考えは何かな。

　このように問いかけることで、多様な考えの共通性に着目して比べだします。ここでの最適な考えは、「どの考えも、結局、求積方法を知っている形に変形すればよい」ということです。ノートや授業中の発言から、子どもがそのような記述をしているかどうかで評価をします。

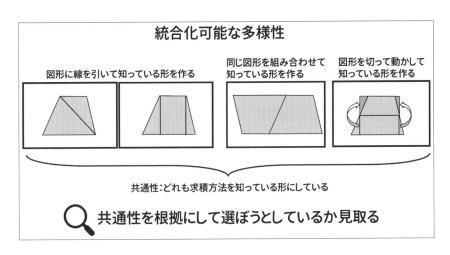

　このように、多様な考えの比べ方を伝えることで、子どもは最適な解を根拠をもって選べるようになっていきます。

（12）多項目のデータを用意する

第4の姿を引き出し、形成的・総括的評価をする

見方によっては答えが変わる

　第4の「多面的・批判的に分析し判断しようとする姿」を引き出しやすい領域は、「データの活用」です。

　データの活用は、今回の学習指導要領の改訂時に、大きな目玉として新設されました。不確実性が高く将来の予測が困難な時代にこそ、身につけさせたい資質・能力を育成する領域です。これまでは、算数といえば解決方法こそ多様ですが、答えは1つに決まるものだと言われてきたように感じます。しかし、このデータの活用の領域が登場したことにより、そうではなくなってきました。見方によっては答えが変わるということを、算数でも教えていくようになったのです。主体的に学習に取り組む態度としては、この第4の姿「多面的・批判的に分析し判断しようとする姿」を育てていくことが重要になってきます。

　しかし、学習指導要領改訂前にも、棒グラフ、折れ線グラフ、円グラフなどの道具は教えていました。それでは、一体どのように授業を変えていけばよいのでしょうか。

　学習指導要領改訂前の授業では、グラフのかき方や読み取り方に指導の重心が置かれてきました。それらの学習内容の習得に留まるのではなく、今後は見方によっては答えが変わることを教えていくことに、指導の重心を置いていくように授業を変えていくとよいでしょう。そのためには、見方によって答えが変わる課題に取り組んでいくことが欠かせません。

　具体的な引き出し方について紹介していきます。

多項目のデータを用意する　　引き出す

　見方によって答えが変わる課題を設定するためには、

　多項目のデータを用意すること

を意識するとよいでしょう。

　たとえば、3 年「表とグラフ」の学習で、棒グラフと表のかき方を学習したときのこと。「学校でのけがを減らすポスターをつくろう」という課題に取り組みました。そのために、どんな情報を調べるとよいかと子どもたちに問いかけました。すると、けがの種類だけではなく、けがをした場所、けがをした曜日、男女、学年、けがをした日の天気などが知りたいという声が出てきました。

　これらの情報をデータカードにまとめたものを私が用意しました。

　右の図は、そのときに使用したデータカードの 1 つです。カードを見ると、「ある晴れた日の金曜日に、3 年生の男の子が、廊下か階段ですり傷を負った」ということがわかります。また、データカードでデータを示すことも、第 4 の姿を引き出す上で有効です。たとえば、右下の板書は、データカードの学年の項目に着目して、学年ごとに並べたときの様子です。一目見ただけで 2 年生と 4 年生のけがの人数が多いことがわかります。棒グラフを初めて教える際

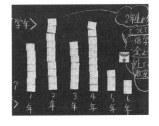

にも、「カードを並べていくのは大変ですから、棒をかいてその長さで数を表しましょう」と伝えることができます。

　多項目のデータを用意することで、学年に着目して棒グラフをつくり、次にけがをした場所に着目して棒グラフをつくるというように、試行錯誤する姿を引き出すことができます。多項目のデータを扱うのは一見難しいように思いますが、3 年生くらいから少しずつ項目を増やしていき、多項目のデータに慣れさせていくことが重要だと考えます。

思考過程を記録する   価値を見つける

　多項目のデータを用意して子どもたちの第4の姿を引き出すことができたら、次はその姿を見取って、価値を見つけていきます。気をつけなければいけないのは、試行錯誤の様子はすぐに消えてしまうということです。先程の例だと、データカードを並べて、また並べ直して…と、子どもの活動はどんどん進んでいきます。ここでは、子どもが多面的に判断しようとする姿に価値を見つけたいので、子どもが複数の項目に着目しているかを見取ることが大切だと考えます。そこで私は、この姿を総括的評価の1つの材料としようと考えました。

　そのためには、やはり子どもの試行錯誤の様子を記録に残すことが必要です。方法を2つ紹介します。

座席表に記録する

　座席表を用意します。そこに、見取った姿を記録していきます。大切なのは、

観点を絞って記録していくこと

　たとえば、子どもがどの項目に着目しているかを見取ると決め、けがの種類に着目していたら「しゅ」だけ書くというように項目の頭文字だけを記入していきます。

時間をかけない

　記録に時間をかけてしまうと、指導する時間が減ってしまいます。子どもとの対話に時間を使うように心がけます。

　座席表を活用した見取りは、一度で終わるのではなく、しばらく時間を置いて再び行います。子どもの思考の変化を記録に残すことができるからです。たとえば、「しゅ→ねん」とい

しゅ→ねん	ねん
ばしょ	ばしょ→ねん
なやみ中	なやみ中

座席表による試行錯誤の様子の記録

うメモは、はじめは「けがの種類」に着目してデータカードを分類していて、その後、「けがをした人の学年」に着目していたことを表しています。

　この座席表を見れば、子どもの試行錯誤の様子を後から見返すことができます。

活動時間を多く取るときには、振り返りの時間をつくる

　データカードを使った試行錯誤には、45 分 ×2 回という時間を使いました。このように活動の時間を長く設定しているときには、最初の 1 コマ目の終盤に振り返りの時間をつくります。自分の考えの変化や生活とのつながり、新たな疑問はあるかなど、何を書くのか明確に示して文章で書くように促しています。下のスライドを示すことも有効です。振り返りの視点は、単元によって変えたり、子どもの様子を見て内容を増減させたりしています。

ふり返り
2つえらんで書きましょう。

① 「変化」　　　自分の考えの変化
「はじめは、～と思っていたけど、今は、～のように考えるようになりました。」

② 「算数の芽」　　自分が見付けた「算数の芽」
「今日の学習では、『図ーリップ』が大事だと思いました。松田さんが、図を使って説明していて、私もよく分かったからです」

③ 「つながり」　　生活とのつながりや、学習とのつながり
「今日学んだことは、生活の中の～～いうところで使われていると思いました。」

④ 「新たな問い」　ぎもんに思ったこと
「～は、どうしてだろうと思いました。」

⑤ こまったこと

　先程の座席表と併用して、後から座席表に見取ったことをメモしておくこともします。次の算数の授業では、書き込んだ座席表を手元に持ちながら、机間巡視していくことで、子どもの思考の変化を見取ることができます。

（13）未知との遭遇を演出する

第5の姿を引き出し、形成的・総括的評価をする

未知の課題を解決する思考力を発揮するために　引き出す

　第5の姿は、「学習に活用しようとする姿」です。この姿は、思考力・判断力・表現力の資質・能力と合わせて育成していくものです。

　この姿を評価するために、次の2つの条件を満たす場を用意したいです。

> ①　既習を使って解決できる課題
> ②　子どもにとって未知の課題

　①の条件を満たしていて②を満たしていない場合は、練習問題に取り組んでいるような状態でしょうか。子どもにとって既知の課題（すでに取り組んだことのあるという感覚になる課題）だと、本当の思考力・判断力・表現力が身についているのかわかりません。なぜなら、本当の思考力・判断力・表現力は、未知の課題（まだ取り組んだことのないという感覚になる課題）を解決することができるかどうかが重要だからです。

　とは言え、子どもにとって未知すぎる課題を与えるのはナンセンスです。①かつ②を満たすような課題を用意することで、第5の姿を引き出すことができるのです。

　ここでは、子どもにとって未知の課題をどのように用意するのか、言い換えれば、未知との遭遇をいかに演出するのか考えていきます。

似た問題に取り組む2段階指導で評価する

引き出す　　価値を見つける

　単元の中で似た問題に取り組むことがありませんか？　教科書通りに授業を進めていくと、私たち教師自身が似た問題だと感じることがあるものです。そのときが、第5の姿を評価するチャンスです。

　たとえば、3年「分数」で量を表す分数について学習した後、分数の加法・減法の仕方について学習する場面があります。教科書（啓林館）には、次のよ

うな問題が掲載されています。

| ジュース $\frac{2}{5}$ L と $\frac{1}{5}$ L をあわせると何 L ですか。 | ジュースが $\frac{3}{5}$ L あります。$\frac{1}{5}$ L 飲むと、のこりは何 L ですか。 |

3 年「分数」の単元で見つけた似た問題

　これらの問題は似ています。計算の仕方を考える際に、両方とも単位分数のいくつ分と考えることで、既習の整数の計算と同じように考えることができるからです。いわゆる、単位の考え方です。

　この分数の減法の学習で、第 5 の姿を総括的評価することができます。単位の考えという既習を使って解決することができ、子どもにとって未知の課題になり得るからです。

　私が教材研究を行う際には、このように似た問題を意識的に探します。問題を見て、似た問題かどうか子どもに考えさせることも大切なことです。未知の似た問題に取り組む際に、既知の似た問題で使った考え方をしていこうとする考え方は、類推的な考えと呼ばれています。

　話が少しそれてしまいました。はじめの問題に取り組む際には、教える姿勢に重心を置きます。そして、2 つ目の問題に取り組む際には、指導言を減らして子どもが未知の課題に取り組んでいる様子を見守るという姿勢に重心を置きます。もちろん、ただ自由に取り組ませているわけではありません。既習を使えていない子どもが多い状況ならば、みんなで話し合って使えそうな考え方を出し合います。形成的評価をして、指導を改善するのです。また、あまりに大勢の子どもが既習を使えていなければ、計画変更。総括的評価は別の機会にすることもあります。

　似た問題は、3 年「分数」の加法・減法のように連続して見つかる場合よりも、離れて見つかる場合の方が多くあります。単元をまたいで出てくることもありますし、次の学年の内容として出てくることもあります。算数は系統性の

強い教科ですので、前の学年や次の学年の学習内容まで目を通しておくと評価の際にも役立ちます。

　私は、次の学年の学習内容を参考にして第5の姿を引き出す問題を作成することもあります。たとえば、5年「面積」の学習の発展的内容として、次のような図形の面積を求める課題に取り組みました。

5年「面積」の単元の評価問題の1つ

　5年「面積」では、長方形と正方形の求積を基に、三角形や平行四辺形、台形などの図形の求積について学習します。その際に、図形を切ったり増やしたりして、既習の図形に変形させることを繰り返し行います。上の図形は、6年生になり、円の求積について知れば公式を使って解くことができます。一見、5年生には難しい課題のように思えますが、下のように図形を切り取り、長方形に変形することで求積することができます。

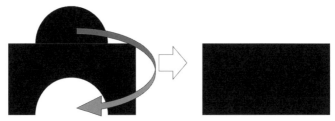

5年「面積」の単元の評価問題の1つ

　1段階目で、既習が定着することを目指し、2段階目で、第5の姿を引き出

し、価値を見つける。このような 2 段階指導によって、第 5 の姿を引き出し、
評価していきましょう。

第 5 の姿を評価する 2 段階指導のイメージ

(14)「同じ」発見から「じゃあ」を演出する

第5の姿を引き出し、形成的・総括的評価をする

統合→発展の順番を意識する　引き出す

　第5の姿を見取るポイントは、「既習の知識や考えを使っているかどうか」だけではなく、「同じを見つけているかどうか」と「数・図形などを変えて考えているかどうか」でした。これらは、統合的・発展的に考えようとしているかを見取るポイントです。子どもは、「同じ」を発見すると、「じゃあ次は…どうなるかな」と他の場合にも適用しようとします（詳しくは第2章）。

　授業を行う際には、統合→発展の順番を意識するとよいでしょう。

　たとえば、3年「あまりのあるわり算」の単元末。「□□÷9＝□あまり1」という式を提示して、□に当てはまる数を考えていきました。

　すると、子どもたちは、割られる数が9ずつ変わっていくことや、それに伴って商も1ずつ変わっていくというきまりに気づいていきました。

　続いて、割る数を8に変えた式を提示しました。今度は、割られる数が8ずつ変わっていきます。

　ある子が、「さっきと同じだ」とつぶやきました。÷9のときも÷8のときも、「割る数の数字」と「割られる数の増えた数」が同じになると言います。

　　　□□÷9＝□あまり1　　　□□÷8＝□あまり1

+9⌇10÷9＝1あまり1
+9⌇19÷9＝2あまり1　　+8⌇17÷8＝2あまり1
+9⌇28÷9＝3あまり1　　+8⌇25÷8＝3あまり1
+9⌇37÷9＝4あまり1　　+8⌇33÷8＝4あまり1
+9⌇46÷9＝5あまり1　　+8⌇41÷8＝5あまり1
+9⌇55÷9＝6あまり1　　+8⌇49÷8＝6あまり1
+9⌇64÷9＝7あまり1　　+8⌇57÷8＝7あまり1
+9⌇73÷9＝8あまり1　　+8⌇65÷8＝8あまり1
+9⌇82÷9＝9あまり1　　+8⌇73÷8＝9あまり1

さっきと
同じだ

　「さっきと同じだ」という発言は、問いの発信そのものです。実際の授業では、「いいところに目をつけたね」とほめて、全体にフィードバックしました。

　ここまでくると、「じゃあ、次は割る数が7だと、7ずつ商が変わっていくんじゃないかな」と発展的に考えようとする子どもの姿が現れます。

　あとは、子どもの問いのままに試行錯誤を促します。割る数の分だけ変化していきます。割る数が7の場合だけではなく、6の場合や5の場合など、自分で数を変えて考えていれば、十分満足できる状況と判断します。また、あまりを1に固定するのではなくあまりを2にしてみたり、できあがる式の数の変わり方を調べたりするなど、子どもの問いは多様に出てきてほしいと考えます。そして、子どもが調べたいことをとことん追究できる時間をつくることで、個別最適な学びになっていきます。

子どもの問いは多様

　余談ですが、この事例の場合、あまりのあるわり算の計算の技能が身についていなければ、統合的・発展的に考えようとする態度は発動できません。技能が身についているかどうかという観点からも評価して、授業を改善していきたいところです。

問題づくりで総括的評価をする　価値を見つける

　子どもたちの心の中に「じゃあ〜だったら」が生まれたかどうかは、つぶやきによって最初に見取ることができます。しかし、個々によって統合的・発展的に考える時間には差があります。学級の中には無言の熟考者がいることも事実です。

　そこで、私は問題づくりの活動をすることで、第5の姿を公平に評価する

ようにしています。

　問題づくりとは、読んで字の如し。子どもが問題をつくる活動です。この実践は、坪田耕三氏の『算数楽しく問題づくり』（教育出版、2012）を参考にしています。

　まず、子どもたちは、原問題と呼ばれる問題づくりの基になる問題に取り組みます。そして、問題の一部を変えることで、新たな問題をつくっていきます。子どもがつくった問題から、どのように発展的に考えたかを見取ることができるのです。先ほどの3年「あまりのあるわり算」の事例で考えると以下のようになります。

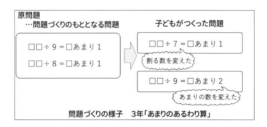

問題づくりの様子　3年「あまりのあるわり算」

問題づくりの前に問題づくりの指導をする

　これまで与えられた問題を解くばかりだった子どもたちの中には、問題をつくるという逆の立場になることに戸惑う子も大勢います。ですので、どのように問題をつくればよいのか、問題づくりの方法について教える必要があります。

　5年生で問題づくりの仕方を教えた際には、まず次のように伝えました。

　問題の一部を変えるだけでいいよ。

とはいえ、どこを変えてよいのかわからないと思いますので、右図を示して何を変えたらよいのかがはっきりするようにします。

　数や図形を変えるだけと考えれば、

問題をつくるハードルがグッと下がります。さらに、この図では深さという尺度を表しています。子どもたちには、「深イイ問題をつくってごらん」と投げかけます。このように尺度を明示するというアイデアは、樋口万太郎氏の『子どもの問いからはじまる授業！：6つのステップですぐ取り組める！』（学陽書房、2020）から学びました。たしかな理解がなければ、構造を変えた問題をつくることができません。構造を変えるとは、条件と求めることを入れ替えたり、たし算の問題から引き算の問題に変えたりすることです。

　問題づくりを何度か行ううちに、子どもたちは、「問題は自分たちで変えてもよい」と捉えるようになります。すると、普段の授業で「じゃあ、ここを変えたらどうなるかな」という視点をもって考えることができるようになってきます。この姿がまさに、引き出したい第5の姿なのです。

◎と○の基準

　第5の姿を問題づくりで評価するとき、◎と○の基準は次のようにしています。

> ◎：○に加えて、その問題を解き、つながりを考えている。
> ○：数や形など、原問題の一部を変えた問題をつくっている。

　問題をつくることができただけでは、十分満足できる状況ではありません。原問題から問題を発展させて（数や図形を変えて）、その問題を解き、原問題で得た結果と結びつけて考えることができるようになるまで育てたいです。

　先ほどの例で言えば、わる数が7の問題をつくった後に、わられる数が7ずつ変化していることに気づいていれば十分満足できる状況と判断します。「同じ」を見つけようとする態度を見取るのです。このように評価するためには、ただやみくもに問題をつくらせるのではなく、「どんなきまりがあるのか調べるために問題を変えてみる」と子どもが考えていけるように指導する必要があります。

（15）リアルな文脈を用意する

第6の姿を引き出し、形成的・総括的評価をする

現実世界で困っていることを算数で扱ってみる　引き出す

　第6の姿は、「日常生活に活用しようとする姿」です。そして、この姿を見取るポイントの1つは、「〈数学の世界〉の解決結果を基に、目的に応じて意思決定しているか」でした。

　つまり、第6の姿を引き出すためには、子どもたちに目的をもたせる必要があるということです。そのためには、次のことを意識するとよいでしょう。

現実世界で困っていることを算数で扱ってみる

　アクション12でも取り上げた3年「表とグラフ」の単元では、単元の最初に養護教諭に協力してもらって、次のようなメッセージを子どもたちに送ってもらいました。

> 困っています。みんなの知恵を貸してください。
>
> 最近、この学校ではけがをして保健室に来る人が増えています。
>
> どうしたら、けがが減るのでしょうか。

養護教諭

　唐突に「学校でのけがを減らすポスターをつくろう」と投げかけるよりも、病気やけがをしたときにいつもお世話になっている養護教諭からのメッセージだからこそ、課題解決の目的意識が芽生えます。リアルな文脈を用意することで、子どもに目的意識をもたせることができるのです。

　他の事例も紹介します。子どもたちが、「登下校での荷物が重い」と会話していたのを聞き、思いついた実践です。

　3年「重さ」の単元末に、「ミニマリストになろう」と投げかけました。「ミニマリスト」とは、必要最低限のもので生活する人・ライフスタイルのこと。

登校中の荷物の総重量を計測し、余分な物があれば削れないか考えてみるという活動をしました。

　かばんや教科書・ノート、体育服、帽子、タブレット PC などあらゆるものの重さを測っていきました。活動していると、「先生、着ている制服の重さも測りたいので体育服に着替えていいですか」と尋ねてきた子もいました（勤務校が制服の学校でした）。もちろん、オッケーです。

　総重量を求めた後に、余分な物を削れるか考える時間を取りました。

　「なるべく次の日の予定を考えて置き勉しようと思いました」「大事な物ばかりで削ることができません」といった感想がありました。

　このように、現実世界で困っていることを探してみると、第 6 の姿を引き出すヒントが見つかるかもしれません。

◎と○の基準について　価値を見つける

　◎と○の基準を決める際には、次の 2 つの視点にさらに分けて見取ります。

---

①　〈数学の世界〉の解決結果を基に考えているか
②　目的に応じて意思決定しているか

　この両方を満たしていれば、十分満足できる状況と判断してよいと考えます。①は、簡単に言えば、既習を使っているかどうかです。学習した算数を使えているかどうかです。データを棒グラフにまとめることができたか、重さの和を求めることができたかです。②は、得た結果に対して自分の考えをもてているかどうかです。けがをした場所ごとに分けたグラフを基に、「ろうかでのけがが多いので、ろうかは静かに歩きましょう」といった記述があれば、自分の考えをもてていると判断できます。解決するだけではなく、その上で〈現実世界〉に戻って、目的について振り返る時間をつくるとよいでしょう。

教科書の加工を除いてみる　引き出す

　リアルな文脈を毎回用意するのは、大変かもしれません。しかし、気を張らずに考えてほしいと思います。なぜなら、小学校算数で扱われる題材は、子どもたちにとって身近なものが多いからです。

　教科書には、リアルな文脈のヒントがたくさん詰まっています。第2章で私は、教科書に明示されている問題文は、〈現実の世界〉を数理的に捉えた数学化の結果だと述べました。それゆえに、教科書に載っている問題文は、リアルな文脈から少し離れたところにあります。

　そこで、リアルな文脈に近づけるために、子どもたちとともに日常生活や社会の事象から問題をつくってみて数学化してみてはいかがでしょうか。

数学的活動の中の数学化の過程

　3年「あまりのあるわり算」の単元の導入では、「クッキーが16個あります。1ふくろに3個ずつ入れていくと、何袋できて何個あまりますか」といった完成された問題文が教科書には掲載されています。

　子どもたちと数学化するために、次のような導入をしてみました。まず、「先生は、学生時代ケーキ屋さんでアルバイトをしていました。クッキーを袋に詰めていくお仕事をしていました」と話しながらクッキーを袋詰めしている写真を見せました。「今日の仕事は、これだけのクッキーを袋に詰めることです」と言って、クッキーの写真を見せました。写真を見ただけでは正確な数はわかりません。「この場面を算数の問題にするとどうなるかな」と全体に投げかけました。そして、「クッキーを1袋に3個ずつ入れて売ります。クッキーを□個仕入れたとき、あなたならどのように売りますか」という問題をつくっ

ていきました。

　かなり不完全な問題文ですが、すかさず子どもが「何個仕入れたのですか」と質問しました。

　ここでクッキーに見立てたおはじきを全員に配りました。配ったおはじきは、1 人 16 個です。

　子どもたちは、おはじきの操作を通して、3 個入った袋が 5 袋できることを見いだしました。

　そして、余った 1 個をどう売るのかについて考えました。ここが本時のメインとなる学習内容です。

　子どもたちは、余った 1 個の様々な利用の仕方を考えました。「ケーキのおまけにする」「ちがうメニューで売る」「試食する」などのアイデアが出るなかで、2 個あればもう 1 袋できるのにという声も高まってきました。すると、「みんなで余った分を合わせたらどう?」という声が出ました。このときのクラスの人数はちょうど 30 人。みんなの余った 1 個を合わせると 30 個になるから、あと 10 袋できるというアイデアでした。

　リアルな文脈の中でどのようにあまりを処理していくか考えるよい指導の機会になりました。

　教科書に載っている問題文は、教科書のスペースの都合もあり、最初から学習問題の形に加工してあることが多いです。

　よりリアルな文脈をつくり、解決への目的意識を高めるためには、

> 教科書の加工を除いてみる

ことがきっかけになると考えます。

（16）単元のまとめの活動を変えてみる

第6の姿を引き出し、総括的評価をする

練習問題に取り組みがちな単元のまとめを変える　引き出す

　第6の姿「日常生活に活用しようとする姿」を見取るポイントの2つ目は、「算数の知識と日常生活の事象をつなげているか」でした。この姿を見取って、総括的評価をしていくことを考えていきたいと思います。

　ここで、「つなげる」の意味について説明します。単元を通して、知識は抽象化されます。たとえば、公平な輪投げの仕方について考えることを通して、「ある点から等距離にある点の集合が円である」というように、具体例の中から余分な情報を切り離して、抽象的な数学的な概念である円の知識を学習します。

　算数の単元では、具体から抽象へ行ったら、もう一度日常生活に目を向けて具体的な事象に当てはめて考えていくことが大切です。このような態度が、第6の姿そのものです。先ほどの例で言うと、円の学習をした後に日常生活に目を向けると、円の形をした物がたくさんあることに気づきます。抽象的な知識である円と、具体的な物（時計、マンホール、お金など）を関連づけて考えている状態が、「算数の知識と日常生活の事象をつなげている状態」だと考えます。

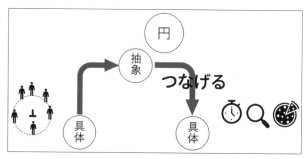

算数の知識と日常生活の事象をつなげるイメージ

　では、算数の知識と日常生活の事象をつなげようとする姿は、どのように引き出すとよいでしょうか。

　ここで提案するのは、算数の知識と日常生活の事象をつなげようとする姿を引き出すために、練習問題に取り組みがちな単元のまとめの活動を変えてみようということです。

算数アート　引き出す

　図形領域の単元でおすすめの活動です。

　図形の性質を日常生活に生かす視点は、学習指導要領解説にも記されています。それは次の 4 つです。

①デザイン　②機能　③測量　④位置を決める

　デザインに生かす「算数アート」の活動では、図形についての知識とアート作品をつなげようとしているかどうかを見取ります。

　5 年「円と正多角形」の単元のまとめでは、上記の 4 つの視点を踏まえた課題を提示し、子どもたちが興味をもった内容に取り組んだことがあります。

> ①　デザインに生かす
> 　円と正多角形を利用して、クラスの文様を作成しましょう。1 つだけではなく、たくさん作成し、クラスのみんなにどの文様がこのクラスにふさわしいか提案しましょう。
> ②　機能を生かす
> 　マンホールや電車のつり革には、円の形をしたものが多くあり、理由があります。これらの例のように、円や正多角形の形になっているものを調べ、それらのどんな機能により、その形が最適なのか調べましょう。また、円と正多角形の新しい使い道を提案してもいいです。
> ③　測量に生かす　④　位置を決めるのに生かす
> 　校庭にできるだけ大きな円をかきたいと思います。どれだけ大きい円周がかけるでしょうか。また、そのかき方を説明してください。

5 年「円と正多角形」の単元のまとめで示した課題

　評価規準は、「円と正多角形についての学習内容と、日常生活の事象をつなげているか」です。総括的評価の対象としていたため、◎と○の基準を決めま

す。

　子どもたちは、校庭に大きな正六角形を作図するために、図形の性質を振り返りながら、巻尺を使って見事に描くことができました。「円と正多角形」の学習内容を使っているため、おおむね満足できる状況（○）として判断しました。

　さらに加えて、第7の姿「数学的活動の楽しさを味わう姿」の視点を取り入れて、「考える楽しさを持続的に味わっているかどうか」（アクション17で詳しく取り上げます）を見取ることができれば十分満足できる状況（◎）です。たとえば、1つの課題だけでなく他の課題にも取り組む姿や、1つの課題に対して、思考し続けている姿です。

　他にも、4年「垂直・平行と四角形」の単元末には、しきつめの作品づくりを行いました。このような活動を通して「図形の学習はデザインに生かせる」と実感させることができるようにしたいです。

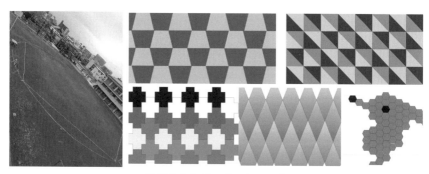

子どもたちがつくったアート

クイズ大会　引き出す

　3年「1万をこえる数」の単元末には、「1万をこえる数クイズ大会」を行いました。この単元の導入では、右のように私からクイズを出題しました。

クイズの答えの数が読めず、子どもたちは大きな数が読めるようになりたいという思いを高めていきました。これが単元の導入となりました。

この数いくつ?
日本の自動車の数は？
（2017年）

＜u＞８１８７８８１６＜/u＞台

その後、1億までの数について学習した後、日常生活の中で目にする1万をこえる数を探しました。そして、タブレットPCを用いてスライドを作成し、クイズをつくりました。

問題
学校の近くの地下鉄砂田橋駅は、愛知県の1日の利用者数が多い駅ランキングで66位でした。1日の利用者数は何人でしょう？

①１８３４人
②１８３４４人
③１８３４４４人

➡

答え

②一万八千三百四十四　人

子どもがつくったクイズの例

このクイズ大会では、学習した内容（大きな数の読み方、数を相対的に捉える見方）と、日常生活の中にある大きな数をつなげて考えようとしているかどうかを見取りました。

大きな数を正確に読むためには、繰り返し大きな数を読む経験が必要です。このクイズ大会での評価は、大きな数の読み方などに間違いがあったとしてもクイズをつくることができていれば、算数の知識と日常生活の事象をつなげようとしていたと認めておおむね満足できる状況（○）にしました。その中で、大きな数を正確に読むことができていたり、数を正確に相対的に捉えることができていたりすれば十分満足できる状況（◎）と判断しました。

このように、単元のまとめの活動を変えてみることで、第6の姿を引き出すことができるようになります。

（17）追究するための自由な時間をつくる

第7の姿を引き出し、総括的評価をする

さあ！　追究だ！　引き出す

　第7の「数学的活動の楽しさを味わう姿」は、「考える楽しさを持続的に味わっているかどうか」を見取るとよいことを第2章で述べました。本当に楽しいと思うことは没頭してすぐに時間が過ぎてしまうものです。

　第7の姿を引き出すことをねらった授業で、私がよく使う言葉があります。

　それが、「さあ！　追究だ！」です。

　子どもたちが本当に考える楽しさを味わえるように、とっておきの授業プランを用意した日。子どもたちの多くが考える楽しさを味わう入り口まできたところで、「追究の時間だね」と伝えます（心の中だけで言うときもあります）。

　それくらい、私自身も子どもたちとの授業を楽しむ時間となっていますし、みなさんも第7の姿を引き出す授業を行う際には、ぜひ子どもたちと一緒になって考える楽しさを味わう気持ちで授業をするとよいと思います。

　「追究の時間」と名前をつけて他の時間と区別するのには理由があります。

　1つ目の理由は、追究の時間は子どもたちに自由に活動してもよいことを伝えているからです。普段の多くの算数の授業では、基本的に教師が問題を与えています。そして、子どもたちに課題意識をもたせるための工夫をしますが、授業の中で考えるべき課題は学級で1つであり、教師の想定した課題である場合が多いです。一方で、この追究の時間は、自分の興味や関心に沿って自由に課題をもって取り組む時間です。考えるべき課題は、それぞれの興味によって多様に分かれます。子どもたちの課題に向かうスイッチを入れ替えるために、他の時間と区別しています。

　2つ目の理由は、考える楽しさを味わうための時間を保証するためです。

　追究の時間の入り口は、授業の中盤から終盤にかけて現れます。授業時間が終わったときに、子どもの追究が止まらないようであれば、「次の算数の授業を追究の時間にしたい？」と問いかけます。このように尋ねると、子どもたちの多くが考える楽しさを味わっていれば、「追究の時間にしたい」と返ってき

ます。そこで、「じゃあ、次の時間はとことん追究だ！」と言って子どもたち
に委ねれば、子どもたちのやる気はさらに高まることでしょう。

　このように、第7の姿を引き出すためには、考える十分な時間が必要です。
単元を構想する際には、第7の姿を引き出すための時間を生み出す工夫をす
る必要があります。私がよく行うのは、単元末の習熟の時間を細切れにして、
他の時間に割り当て、習熟の時間に取り組むべき問題を確実に終わらせた上
で、習熟の時間を追究の時間にしてしまうというものです。

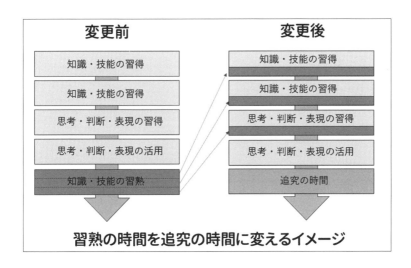

習熟の時間を追究の時間に変えるイメージ

　このように、追究するための自由な時間をつくることが大切です。そして、
子どもたちに委ねた自由な時間をどのように過ごしているのかを見取ること
で、考える楽しさを持続的に味わっている姿から価値を見つけていきます。

　しかし、自由な時間を与えるだけでは、第7の姿を引き出すことはできま
せん。夢中になって没頭してしまうような面白い問題や課題が必要です。で
は、そのような問題や課題は、どのように用意するとよいのでしょうか。

教師が「算数って面白い！」と感じているか

　教師自身が夢中になって没頭してしまうような問題かどうか考えてみることが大切です。教師の楽しいという思いは、子どもたちに自然と伝わります。教師が本気で楽しいと思った問題でなければ、第7の姿を引き出すことはできないのです。

　ここでは夢中になれるような問題や課題を教師が見つける方法を紹介します。

　まずは、教科書や問題集を実際に解いてみることです。

　次に、問題の一部分を□に置き換えてみます。□は、数や図形などを好きなように入れてもよいと考えます。すると、1問から多くの問題を教師が作成することができます。

　ここからが、重要なポイントです。たくさんの問題を作成して実際に解いてみたら、それらの問題を次の視点で分析します。

視点：「同じ」がないか調べる

　「同じ」とは、きまりや性質のこと。私は、面白いと感じる1つの要素として、「同じ」があることだと考えています。

　たとえば、3年「1けたをかけるかけ算の筆算」の学習で、次のような練習問題が教科書（啓林館）に載っていました。

この結果を並べてみると、「同じ」が見えてきました。

ここでの「同じ」は、何でしょうか。①の問題で言えば、積が61ずつ増え

ていることです。②の問題で言えば、積が 30 ずつ増えていくことです。また、積の一の位が必ず 3 になります。このような小さな「同じ」でも、見つけたときは小さな感動があります。

「同じ」を見つけたら、さらに問題を発展させてみます。問題の一部を変えてみるのです。たとえば、②の問題の 3 を 4 に変えたら、積の変化はどうなるでしょうか。40 ずつ増えていきます。それはどうしてでしょうか。

このように考えていくだけで、単調な練習問題に取り組む時間を、数学的活動へと変えるきっかけをつかめるようになります。

もう 1 つ方法を紹介します。次の視点で学習内容を分析します。

視点：日常生活のどんな場面で使われているか調べる

たとえば、3 年「長さ」では、km や m で表した量の加法減法を学習します。私は、この計算が日常生活のどんな場面で使われるのかを考えてみました。そこで思いついたのが、旅行です。

「夢の旅行プランをつくろう」と題して、文字通り旅行プランをつくりました。移動距離を計算する際に、この単元の学習内容が生かされます。同時に、かかる時間も計算しました。名古屋市にある小学校からディズニーランドへ行き、その後、USJ まで行くプランにしたとします。合計移動距離は、957km610m。もしも、徒歩で行ったとすると、200 時間かかることがわかりました。

GoogleMap で距離と時間を算出してもらい、計算は自分たちで行いました。394.48km というように未学習である小数が出てきたので、そこは変換の仕方を教えました。

外国にも行きたいという子もいて、夢中になれる課題だったと感じています。旅行プランを立てるという課題に取り組むことで、「時こくと時間」の活用にもなりました。

このような問題や課題の作成法は、実は教師自身も数学的活動をしながら発想しているのです。

（18）7つの姿でよさを探す

持続可能な評価をする

持続可能な評価をするために

　主体的に学習に取り組む態度の評価に悩む先生の多くは、「◎、○、△」の判断で迷うということで、◎と○の線の引き方について述べていきました。

　アクション2「7つの姿と相性抜群のルーブリックを使う」では、7つの姿の中から1つの姿を重点的に育てる資質・能力として目標を定め、その姿が表れるように指導を行い、その姿以外の姿も目標として定めて、2つの姿を見取れたら◎としようと提案しました。このように視点を定めることで、指導のぶれがなくなり、妥当性のある評価が可能となります。

　しかし、毎単元でルーブリックを作成するのは負担です。負担が大きい評価は続きません。

　そこで、持続可能な評価をするために、次のことを提案します。

◎は後回し

> 7つの姿のうち1つだけ重点的に育成する姿を決め、評価規準を定める。
> その姿を見取ることができれば○（おおむね満足できる状況）とする。
> ◎（十分満足できる状況）は後から7つの姿を視点にして決める。

　この方法は、澤井陽介氏の「『A』は後回しにして『B』を探す」という考え方を参考にしました（澤井陽介（2022）『できる評価・続けられる評価』東洋館出版社）。

　評価の基本的な考え方に立ち返ると、おおむね満足できる状況とは、学習指導要領が示す学習内容を学ぶことができた姿であり、それをもって目標を実現したとみなします。このような中で、文部科学省が、○だけではなく◎の姿を求めていることに対して、澤井氏は次のように解釈しています。

> 学力を机上の目標よりも豊かに捉え、子供のよさや可能性を多様な目線で見付けることのできる教師の育成を目指しているため（傍線は筆者による）。

　この多様な目線こそ、算数科の主体的に学習に取り組む態度で言えば7つの姿です。

　下の図は、7つの姿と評価規準の関係を図に表したものです。重点的に育成する姿を1つだけ決め、その指導に重きを置きます。授業中は、努力を要する状況にいる子どもがいないか見取って、即時にフィードバックをし、○に引き上げるように指導を改善します。授業後に、ノートや作成物を見ながら定めた評価規準には当てはまらないその他の姿を探します。

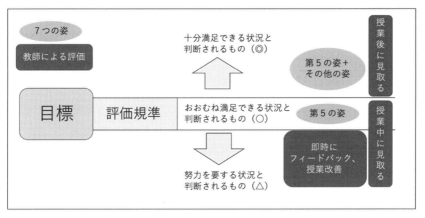

7つの姿と評価規準の関係（澤井陽介『できる評価・続けられる評価』を基に筆者作成）

　この方法を取れば、授業では努力を要する状況にいる子どもに向けた授業改善に集中することができます。また、あらかじめ決めた視点ではなく、子どもの姿の中から価値を見つけるので、宝探しのような前向きな気持ちで評価することができるようになります。

具体的な場面を考えてみましょう。

たとえば、3年「1けたをかけるかけ算の筆算」で、（2桁）×（1桁）の筆算の仕組みを学習した後、（3桁）×（1桁）の筆算の仕組みを学習するときのことです。

主体的に学習に取り組む態度の評価規準は、次のように設定しました。

（主）かけられる数を位ごとに分けて考える方法を使って、（3桁）×（1桁）の筆算の仕組みを考えようとしている。

これは、第5の「学習に活用しようとする姿」です。既習事項を使おうとする姿を見取ることができれば、おおむね満足できる状況と判断できます。

実際の授業では、はじめに、私が示した 212×3 についてその筆算の仕組みを考えていきました。

筆算の仕組みを解明するための鍵は、212 を 200 と 10 と 2 に分けるという考え方を使うことです。これは、（2桁）×（1桁）の筆算の仕組みを学習した際に指導した内容です。2桁のときだけではなく、3桁のときも同じように考えようとする姿を引き出すことを主なねらいとした授業でした。

$$212 \times 3$$
212を200と10と2に分ける
$$200 \times 3 = 600$$
$$10 \times 3 = 30$$
この計算ならできる
$$2 \times 3 = 6$$
$$600 + 30 + 6 = 636$$

（3桁）×（1桁）の筆算の仕組み

実際の授業で上の考え方を全体で共有すると、子どもの問いが多様に生ま

れ、主体的に学習に取り組む姿を多様に見取ることができました。

　筆算を（4 桁）×（1 桁）や（2 桁）×（2 桁）に変えて調べようとする姿。

　406×7 のように被乗数の中の位が 0 になる計算に着目し、積のきまりを探そうとする姿。

　これらは、問題の一部を変えて考えようとしたり、「同じ」を見つけようしたりする第 5 の別の姿です。

　また、学習後の振り返りで、「分ける考え方には、筆算の仕組みがはっきりするよさがあることがわかりました」という考え方のよさに触れたものもありました。これは、第 2 の「数学のよさに気づく姿」です。

　評価規準を基に、かけられる数を位ごとに分けて考える方法を使おうとしていれば、おおむね満足できる状況と判断しました。さらにその中から、上記のようなプラスアルファの姿が見られれば、十分満足できる状況と判断しました。

　このように、7 つの視点をもてば、子どもの多様なよさを認めることができるのです。

（19）有効な学び方を自覚できる ように自己評価する場をつくる

自ら学習を調整することができる子どもを育てるために

　自ら学習を調整することができる子どもを育てていくことは、主体的に学んでいく子どもを育てていくうえで私たちに課せられた大きな課題です。

　そのためには、子どもたちが算数の学び方を学び取っていくような取り組みが必要です。

　ここでは、算数の学び方を子どもたちが学び、自ら学習を調整することができるようになるためのアクションについて考えていきます。

有効な学び方だと自覚できるようにする　フィードバックする

　子どもたちが、算数の学び方を学び取っていくためには、その学び方が有効であったと自覚できるようにする必要があります。

　そこで、自己評価を取り入れるのはいかがでしょうか。

　これまでは、評価をする主語は「教師」でした。自己評価をする主語は「子ども」です。子どもが自分自身の学び方を評価する場を取り入れるのです。

　そのために、次の3ステップを踏んでいます。

> ステップ①　算数のよい学び方を学級で共有する　的を絞る
>
> ステップ②　学び方を振り返る　価値を見つける
>
> ステップ③　7つの姿に対応した言葉かけをする　フィードバックする

　それぞれのステップについて説明していきます。

ステップ①　算数のよい学び方を学級で共有する　的を絞る

　私たちが評価規準をもたないと評価できないのと同様に、子どもが自己評価する際にも、評価の規準が必要です。

　ステップ①では、自己評価の評価規準をはっきりさせるために、算数のよい

学び方を学級で共有する時間を取ります。詳しく様子をお伝えします。

「算数ってどのように学んでいくと、自分やみんなにとっての学びになると思う？」

このように、理想の学び方について 3 年生の子どもたちに問いかけてみました。子どもたちから出た考えは次の通りでした。

「仲間の考えのよいところを自分のものにすると勉強になるよ」

「仲間と話し合うと、説明した方も説明を聞いた方も伸びると思う」

「『じゃあ』という言葉を使って、問題を自分でつくればどんどん学べる」

「図をかくと、問題をわかりやすく言い換えることができていいよね」

「習ったことを使うと、今までに習ったこととつながっていることがわかっていいよね」

「わからないことは、仲間に質問するといいよね」

ここでポイントとなることは、実際に子どもがよいと感じた学び方を集めることです。行う時期は、7 つの姿を指導した後に行うとよいでしょう。すると、今まで指導してきた算数の学び方が、言葉にされていきます。子ども発信で、理想の学び方が示されることが大切です。

もしも、子どもからよいと感じた学び方が出てこなければ、日々の授業を改善するきっかけになります。また、その場で、教師の方から「このように学んでほしい」と伝えることがあってもよいでしょう。そして、これらの言葉を模造紙に集めておき、次のステップの学び方を振り返る際に活用していきます。

ステップ②　学び方を振り返る　価値を見つける

次に、ステップ①で共有した学び方ができたか、また、今後はどのように学んでいくとよいかについて、振り返る時間を取ります。

このとき、すべての観点で振り返る必要はありません。たとえば、みんなで集めた理想の算数の学び方の言葉を見せながら 2 つの観点に絞って書くよう

に伝えると、多くの子どもにとって書きやすいものになります。

　ちなみに、アクション5でも同様に、振り返りの活用の仕方について述べました。アクション5は、4月当初から行うことができますが、このアクション19では、年度の中盤から終盤にかけて行うイメージです。指導してきた7つの姿についての記述を見取ります。

　このように、振り返りを記述することで、子どもは学び方について自己評価します。有効な学び方の記述が増えてくれば、その姿が数学的活動の最中にも現れるはずです。

ステップ③　7つの姿に対応した言葉かけをする

フィードバックする

　最後に、子ども自身の自己評価で終わるのではなく、振り返りの記述を読んだり、授業中に理想の学び方をしている姿を見取ったりしたときには、それぞれの姿に対応した言葉かけを行うことで、その学び方が有効であったことをさらに自覚できるようにします。言葉かけの具体例を示すので参考にしてみてください。

第1の姿「問い続ける姿」

・わからないことが何かがわかることは、学びの大きな一歩ですね。

・自分の考えが変わったということは、よく考えている証拠です。

・試したいことが見つかったのは、すてきなことです。やってみよう。

第2の姿「数学のよさに気づく姿」

・よさがわかると、その考え方を使いこなせるようになりますね。

・「(数式の並びなどについて)きれいだな」と感じたんだね。算数美的センスがあるね。

・場面によって適した考え方を使おうという意識がすばらしいです。

第3の姿「多様な表現で考えたり説明しようとしたりする姿」

・いろいろな方法を考えようとしているね。そのような態度が、みんなの学びを深めるきっかけになります。

・相手に伝わるように、言い換えたんだね。それは、思いやりの心でもあるね。

・いろいろな人の話を一生懸命聞いて学んでいたね。納得できるまで素直な心で聞くことで、本当の「わかった！」が見えてきますね。

第 4 の姿「多面的・批判的に分析し判断しようとする姿」

・仲間の考えを吸収しようとする姿がすてきです。自分の考えと比べることでよりよい解決方法にたどり着くことができたね。

・根拠をはっきり示そうとしてくれたので、あなたの考えの説得力が増しましたね。

第 5 の姿「学習に活用しようとする姿」

・学習したことを使って、新しい知識を生み出すことができたね。創造力が高まってきたね。

・「同じ」を発見できたね。とても気持ちいいよね。「同じ」を発見するアンテナが高くなってきたね。

・「じゃあ〜」という言葉がいいな。算数の学びを広げる言葉だよ。

第 6 の姿「日常生活に活用しようとする姿」

・算数と現実の世界のつながりに気づいたね。学んだことを実際の生活に生かせるようになるよ。

・問題の場面を鮮明にイメージしているね。現実の中の算数の問題も解けちゃいそうだね。

第 7 の姿「数学的活動の楽しさを味わう姿」

・自分で課題を見つけている姿を頼もしく思います。

・夢中になってやり抜いたね。その状態をゾーンに入ったと言います。すごい集中力です。

　このように、有効な学び方を自覚できるように、地道にフィードバックを続けていくことで、自ら学習を調整できる子どもを育てていきたいです。

（20）評価観をアップデート
し続ける

新時代を見据えよう

　最後のアクション 20 は、「評価観をアップデートし続ける」としました。評価観とは、評価に対する考え方のことです。評価観を時代に合った新しいものにしていくために、私たちも主体的に学び続ける必要があります。

　文部科学省が定める学習指導要領を基に、目標と評価規準を定めることで私たちは評価を行なっています。この学習指導要領は、おおよそ 10 年ごとに改訂されます。その理由は次の通りです。

　学校は、社会と切り離された存在ではなく、社会の中にあります。グローバル化や急速な情報化、技術革新など、社会の変化を見据えて、子供たちがこれから生きていくために必要な資質や能力について見直しを行っています。

（文部科学省の HP より引用）

　このように、社会の変化によって育てていくべき資質・能力は変わっていきます。それに伴って、評価の観点や評価の方法も変わっていくことは、必然なのです（「関心・意欲・態度」の観点が、「主体的に学習に取り組む態度」に変わったことは記憶に新しいです）。

　7 つの姿も、いつか古い捉え方になってしまっているかもしれません。私たち教員は、新時代を見据えて、子どもたちがこれから幸せに生きていくために必要な資質・能力について考え続ける必要があります。

　そこで、ここでは、評価の観点が変わったとしても生かしていけるようなアクションを、私なりに紹介したいと思います。

細かく分ける　具体から考える

　本書の発想の基となっている 2 つの考え方です。

学習指導要領に記された目標を細かく分けて考えてみる

　学習指導要領に書かれた壮大な目標は、そのままでは評価規準の言葉としては使うことができません。目標を達成するためには、細かく分けた下位目標を定めて、スモールステップで達成していくことが、何事においても有効な手段になります。細かく分けてみるという考え方は、他教科の目標を考える上でも使えます。また、時代が変わっても使うことができるでしょう。

子どもの具体から考える

　この考え方は、私が 7 つの姿に分類できそうだと気づいたきっかけにもなったものです。

　本来であれば、目標を定めて、それに伴う評価規準を基に評価をしていくものです。しかし、時には、子どもの学ぶ姿から、目標を考えるのはいかがでしょうか。もう少しラフな言い方をすると、子どものいいところ見つけをするのです。すると、自分が定めていた評価規準に収まりきらないすてきな姿を子どもたちが見せてくれることがあります。

　ここで終わるのではなく、見つけた子どものいいところを比べて共通点を探してみます。そうすることで、「3 年生の『九九表とかけ算』の単元で指導した態度」と「1 年生の『たしざん』の単元で指導した態度」が、どちらも一段抽象度の高い目標の「多様な表現で考えたり説明しようとしたりする態度」であることに気づくことができます。子どもの具体から目指したい姿が見えてくることもあるのです。

仲間と評価規準について語り合う

　仲間とは、同じ学年を組んでいる同僚の先生や、研究仲間、サークル仲間のことです。仲間と評価規準について語り合うことが、評価観のアップデートにつながります。

　私自身の反省なのですが、周りの先生たちに「この授業は、どうやってやろ

うと思いますか」と質問することはたくさんありました。しかし、「どのように評価しますか」と質問することは少なかったのです。これは、総括的評価が評価のすべてだと勘違いしていた頃の話です。

　まずは、仲間と評価規準について語り合うための第1のステップとして、次のように仲間に質問してみましょう。

> 子どもの姿のどこを見て評価していますか？
> その姿を見て、どのように評価していますか？

　きっと目から鱗が出るのは、勤務先がちがう仲間に上の質問をしたときでしょう。目の付け所は、先生の教育観や経験年数、専門性によって全くちがいます。どれが正解かはわかりません。評価に関わるすべての情報は、参考資料に過ぎません。大切なことは、絶えず自分の評価観を見直そうとする姿勢です。

　また、評価規準について語り合うことには、多くのメリットがあります。

目標と評価基準をそろえることができる

　評価基準とは、◎と○、○と△の境目の基準のことです。この基準が同じ学年内でばらばらではいけません。「あの先生は、あまい（厳しい）」というような印象を与えてしまっては、学校の信頼自体が揺らいでしまいます。これが顕著に表れるのは、学年が変わった最初の評定でしょうか。同僚の先生と語り合うことで、評価基準をある程度そろえることができます。評価基準がそろえばおのずと目標もそろってきます。「ある程度」としたのは、評価基準を完璧にそろえることはとても難しいことだからです。なぜなら、同じ指導案で授業をしても、授業者である先生、その場で学習していた子どもたち、言葉かけ1つのちがいなどによって、決して同じ授業になることはないからです。評価基準をそろえるのは難しいのですが、そろえるように努力をし続けるほかありません。

　別のメリットについても考えてみます。

　先生にも一人ひとり個性があります。算数を教えるのが得意な先生がいれば、国語を教えるのが得意な先生もいます。そんな個性豊かな先生たちが、日々の授業の子どもたちの様子をどのような視点で見取り、子どもたちのどのような姿によさを感じ、どのようにフィードバックをしたのかについて語り合うことで、先生同士も成長していくことができます。つまり、評価規準について語り合うことによって、

指導力が上がる

ということです。

　私が初任の頃、学年を組んだ先生と図工の評価を一緒にしてくださったことがあります。その先生がどこを見取って評価しているのか、とても勉強になったことを今でも覚えています。

　アクションを 20 個紹介してきました。

　評価の具体は、ブラックボックスの中に留めておくのではなく、どんどん公開して、私たち教員が評価の方法を共有していくことが大切だと思います。

　とは言え、評価の方法について公開すると、保護者や子どもたちの目に触れてしまうことを恐れる気持ちも少なからずあります。成績を上げるための裏技的な情報にもなりかねないからです。

　繰り返しになりますが、本当の評価は、子どもの学びを促進するものです。私の願いは、先生たちが、算数をしている子どものよさをたくさん見つけられるようになること。子どもに算数を教えるすべての大人が、もっと子どものよさを見つけられるようになることです。そのための 20 個のアクションの提案です。

第**4**章

具体的な実践例

5年「合同な図形」

第1の姿「問い続ける姿」を形成的評価するとは？

　数学的活動は、子どもの問いで進んでいくことが前提です。問いがなければ主体的になれないのです。そのため、この第1の姿「問い続ける姿」は、算数の授業において毎時間と言っていいほど育てていくべき態度です。

　そこで、ここでは第1の姿を形成的評価する場面を示したいと思います。なぜ、総括的評価はないのか。それは、「問い続ける姿」は記録として残しにくい話し言葉や、子どものノートのメモを見取っていくことが多いからです。総括的評価には用いませんが、他の第2〜7の姿の原動力とも言えるこの姿を引き出していくことを怠ってはいけません。評価のための評価ではなく、子どもを伸ばすための評価にしていきましょう。

5年「合同な図形」で育てたい第1の姿

　本単元で学習する主な内容は、合同な図形の定義やかき方、多角形の内角の和の性質をすぐに思い浮かべることができるでしょう。ここでは、四角形を対角線で切ったときにできる形の性質についての授業を紹介したいと思います。

　たとえば、長方形に2本の対角線を引くと合同な三角形の組を見つけることができます。実際に長方形を切って重ねてみることで、合同かどうかを確かめることができますが、図形の辺の長さや角の大きさに着目することで、実際に切らずとも合同かどうか判断できるようになってほしいと考えます。

　このように図形の性質を調べる学習活動は、「調べてみましょう」と教師から言ってしまって、子どもたちの主体性を奪いがちです。

　子どもたちが、「考えてみたい」と思えるように、極端なまとめをしてみようと考えました。極端なまとめをすることで、子どもたちは主体的に考察範囲を広げて考えていこうとするだろう。その過程で、図形の辺の長さや角の大きさに着目していくだろう。このように考えたのです。（アクション6「問い続ける姿を引き出す指導技術を使う」）

本単元の目標

　合同の意味や性質、合同な図形のかき方、多角形の内角の和について理解するとともに、合同な図形の特徴を使って性質やかき方について説明することができる。合同な図形の性質やかき方、多角形の内角の和について進んで調べようとする態度を身につける。

本単元における指導と評価の計画

	学習内容	評価の観点と種類
1	合同な図形の定義	知（・）
2	合同な図形の辺の長さや角の大きさの関係	知（・）
3	四角形を対角線に切った形の性質	知（・）主（・）
4	合同な図形のかき方（三角形）	知（・）
5	合同な図形のかき方（四角形）	思（・）
6	三角形の敷き詰め	思（○）
7	三角形の角	知（・）
8	四角形の角	思（・）
9	多角形の角	思（○）主（○）
10	単元のまとめ	知（・）思（・）
11	単元テスト	知（○）思（○）

（評価の種類の記号　「・」：診断的評価／形成的評価　「○」：総括的評価）

第1の姿「問い続ける姿」を形成的評価する
第3時　四角形を対角線に切ったときの性質

○本時の目標

　様々な四角形に対角線を引く活動を通して、四角形を対角線で切ったときにできる形の性質について理解することができる。

問題 対角線を1本引きます。ぴったり重なる2つの図形に分けられますか。

このように板書して、次の四角形をテレビに映し出しました。

提示した四角形1

　子どもたちの意見は2つに分かれました。

C：これは正方形に見えるから、対角線を引いたらぴったり重なると思う。

C：切って重ねると多分ぴったり重なると思うよ。

C：いや、なんかあやしい。正方形じゃないんじゃないかな。

C：なんかずれているように見えるよね。

　提示した四角形は、実は正方形ではありません。少しだけ点の位置をずらしてつくった四角形です。正確に言えば、1組の向かい合う辺が平行な台形だったのです。

　私は、次のように問いかけました。

T：正方形じゃなかったら、だめなの？

C：対角線で切ってもぴったり重ならなくなります。

C：この四角形は、たぶん左の辺が長いと思うんだけど、そうすると、左の辺と右の辺の長さがちがってしまって、重ならないと思います。

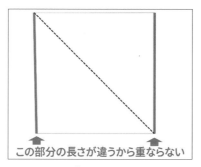

辺の長さに着目している子の説明

C：そうすると、角の大きさも 90° じゃないから重ならないです。

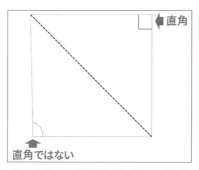

角の大きさに着目している子の説明

T：今の説明、伝わっていますか。もう一度自分の言葉でお隣の席の子に伝え
　てみましょう。

　子どもたちは、辺の長さや角の大きさに着目して、合同ではないことを説明
しました。この後、実際に四角形が印刷された紙を配付し、重ならないことを
確かめました。

　合同にならないことを確かめる活動では、机間巡視をして、辺の長さや角の
大きさに着目できていない子どもを探します。確かめきれていない子どもを見
つけたときは、実際に手元の四角形を使って一緒に確認をしました。

知識がなければ、次の活動で問いが生まれません。知識・技能や思考・判断・表現と主体的に学習に取り組む態度には、断ち切れない結びつきがあるのです。もちろん、その子に「私だけ先生が手伝ってくれている。私、遅れているのかな」などと劣等感を味わわせないような配慮が必要です。なかなか難しい技術です。

　さて、この後、まとめの活動に入ります。まとめは、授業の終盤だけでなく、必要に応じて行っています。
T：じゃあ、ここまででわかったことをまとめておこう。この四角形は、対角線を引いても合同には…？
C：ならなかった！
T：だね。書いておこう。
　そう言って、以下のように板書しました。

まとめ　四角形は、対角線を引いても合同には分けられない。

　このように書くと、子どもたちから「え！！」「ちがう！」という声が上がりました。
C：今は、台形だけしか考えてないでしょ？　今回は、たまたまだよ。
C：他の四角形はどうなの？
T：今、話してくれたこと、どういうことかお話しできる？
C：はい。まだ台形しか考えてないから、まとめに「四角形」と書くと嘘になってしまうってことです。

　このように、子どもたちの問いを引き出すことができました。極端なまとめをすることで、その他の色々な四角形に目を向け始めたのです。（**アクション6「問い続ける姿を引き出す指導技術を使う」**）
　この後、正方形について考えてみることになりました。

　正方形に対角線を引いたとき、合同な図形ができると思うか予想をさせたところ、全員がぴったり重なる方に手を上げました。このことは、折り紙遊びの経験からも明らかなことだったのでしょう。

　ここで、さらに問いかけました。

T：何でぴったり重なると思うの？（しばらく考える時間を取った後で）

C：直角同士が重なるでしょ？　正方形は辺の長さも同じなので辺も重なります。だから合同なんだと思う。

C：対角線は対角線で重なるから3つの辺がすべて重なります。

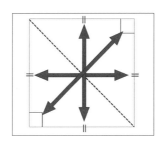

重なる辺と角

T：お隣の子に説明できそう？　では、説明してみよう。

　こうして、全員に発言の機会を保障しました。私は、机間巡視をして、先ほど説明に苦戦していた子を中心に見取ります。

　ここでも説明が難しいようであれば、もう一度全体の場の発表の機会をつくり、別の子に発表してもらいます。

　正方形について考えたところで、再びまとめの活動です。以下のように板書しました。

　まとめ　正方形は、…

　ここまで書いたところで、「先生！　他の四角形も考えたいよ！」という声が上がりました。

他の四角形は何があったかを確認し、今、どんなことを考えているか振り返りを書いて授業終了の時間となりました。

指導の改善

　子どもたちの振り返りを紹介します。

> 辺や角の大きさが等しいと合同になることがわかった。次は、平行四辺形でたしかめたい。たぶん合同になると思う。

> 次は、対角線を2つ引いてみたい。合同な図形がもっとたくさんできると思う。

　このように、新たな問いをもつ姿を見取ることができました。このような振り返りは、次の時間のはじめに全体に紹介します。そして、「試したいことが見つかったことは、すてきなことですね」と言ってフィードバックします。こうしたことを積み重ねることが、問い方を身につける上で私たちができることだと思います。（**アクション19「有効な学び方を自覚できるように自己評価する場をつくる」**）

　もちろん、新たな問いを見つけることが見取れない振り返りもありました。

> 正方形は、対角線で分けると直角三角形になる。

　このようにわかったことだけを書いている振り返りもあれば、無記入の振り返りもありました。

　わかったことだけを書いた子は、平行四辺形と聞いたときに、平行四辺形の辺や角の大きさの性質を想起することができていなかったのだ思います。授業では、その他の四角形の名前を確認しただけになっていたので、さらに、「どんな

四角形だったかな？」と問い返し、全体で確認した方がよかったと思いました。

　無記入の子を休み時間中に呼び出して、「書いてないよ。どうしたの？」と声をかけたことがあります。その子は、申し訳なさそうにして、「ごめんなさい。平行四辺形がどうなるか考えていたら書く時間がなくなったんです」と言っていました。よく見ると、その子のノートの端っこの方に平行四辺形が書かれていました。

　私の視野の狭さを反省するとともに、その子に対して申し訳ない気持ちになったことを覚えています。

> 問い続ける姿は、振り返りの言葉だけでは見取れないことがある。だから、子どもの思考過程を丁寧に見取っていかなければならない

　このことを学ばせてもらいました。

　以上のように、問い続ける姿の形成的評価の様子を述べていきました。

　問いの前提に、知識・技能の習得状況を見取ることが大切です。また、振り返りの中で新たな問いをもつ姿を見取り、次の時間にフィードバックするという地道な取り組みをして、第1の姿を育てていくことを紹介しました。問い続ける姿を授業で育てていくということは、毎日の授業で「子どもが問いをもてたか」を自問自答していくということです。このように書いている私も、「毎日はキツいのでは…」と考えてしまいますが、自戒も込めてあえて書かせてください。まずは、小さな一歩でいいのです。「ああすれば、子どもたちは問いをもてたな」と少しでも考えてみることが大切だと思うのです。

5年「合同な図形」第3時の板書

3年「小数」

3年「小数」で育てたい主体的に学習に取り組む態度

　3年生3学期に「小数」の学習を行いました。小数は、自分の身長や体重の記録、靴のサイズ、体温など日常生活でもよく目にしています。実は教科書会社によって単元の配列が異なっているのですが、私は「分数」の後に「小数」を実施しました。

　7つの姿の視点で育てたい主体的に学習に取り組む態度を考えてみます。

　まずは、

小数のよさに気づく姿を引き出したい

と考えました。

　もしも、小数がなかったら？　このように考えてみると、小数のよさに気づくことができます。たとえば私たちは、かさを測るときに、「1dL が2つ分で2dL」といったように、単位のいくつ分あるかを調べます。しかし、いつでも単位のいくつ分ぴったりにはなりません。「1dL とちょっと」のように端数になることの方が多いです。このとき、小数のよさが際立ちます。単位となる大きさを 10 等分して新しい単位をつくることで、はしたの大きさを表すことができるようになります。これが、小数のよさです。長さの単位「cm」の場合は、10 等分した1つ分に「mm」という単位が存在します。「cm」のように下位単位がある場合には、小数のよさに気づきにくくなるでしょう。

　そこで、本単元の導入では、10 等分しても下位単位で表せない dL を扱って、小数のアイデアを引き出そうと考えました。

　他にも、小数のよさがあります。

　この単元では、小数の加減計算の仕方について学習します。0.1 のいくつ分と考える、いわゆる単位の考えを使うことで、整数の計算に直すことができます。たとえば、0.5 ＋ 0.2 は、0.1 が（5 ＋ 2）つ分あるというように考えることができます。単位の考えを使って整数に直すことで、1年生にもわかるよ

うに説明することができるというよさにも気づいてほしいと考えました。

　別の視点から、育てたい主体的に学習に取り組む態度を考えてみます。

　小数の加減計算の仕方を考える際には、加法と減法で同じ考えを使っていると言えます。先ほどの、単位の考えです。そこで、小数の足し算の学習の際には、単位の考えの指導に重心を置き、続く小数の引き算の学習の際には、子どもに委ねる割合を増やして見守る方に重心を置くことで、

> 学習に活用しようとする姿を引き出したい

と考えました。

　「小数」の単元では、このように第2の姿「数学のよさに気づく姿」と第5の姿「学習に活用しようとする姿」を育てたいと考えました。

単元の目標

　小数について、その表し方や数の仕組みを考えたり、説明したりすることを通して、小数の意味やよさを理解するとともに、生活や学習に活用しようとする態度を養う。

単元の評価規準と本単元で見取る主体的に学習に取り組む態度

　主体的に学習に取り組む態度は、第2の姿で2つの観点、第5の姿で1つの観点として、合計3つの観点に的を絞りました。このうち、2つが○なら、総括的評価は、おおむね満足できる状況。3つすべてが○なら、十分満足できる状況とします。しかし、よさは、自分で気づくものです。上記の他にもよさとして感じるものがあるかもしれません。この単元を通して、子どもたちは、小数のどんなよさに気づいてくれるのでしょうか。子ども自身のもつ、「よさを感じる姿勢」も見取っていきたいと考えました。

知識・技能	・小数の意味、表し方、大小関係を理解し、小数を用いて端数部分を表現したり、数直線上に小数を表したりすることができる。1/10 の位までの小数の加減計算ができる。
思考・判断・表現	・小数の相対的な見方を活用して、小数の加減計算の仕方を考え、説明することができる。
主体的に学習に取り組む態度	【第 2 の姿】数学のよさに気づく姿 ・単位となる大きさを 10 等分して新しい単位をつくることで、端数部分を表すことができるというよさに気づく。 ・小数の加減計算をする際に、小数を 0.1 のいくつ分と見ることで、整数の計算に直すことができるというよさに気づく。 【第 5 の姿】学習に活用しようとする姿 ・小数の加法の仕方で学習した内容を使って、小数の減法の仕方を考えようとする。

本単元における指導と評価の計画

	学習内容	評価の観点と種類
1	かさのはしたの表し方を考える	主（・）
2	長さを小数で表してみる	知（・）
3	小数の大きさ比べをする	知（・）
4	小数と分数の大きさ比べをする	知（・）
5	小数の足し算の仕方を考える	思（・）主（・）
6	小数の引き算の仕方を考える	思（○）主（○）
7	小数の足し算・引き算の筆算の仕方を知る	知（・）
8	魚の長さは、何 " マツ " メートルと表したらよいか	主（○）
9	単元のまとめ	知（・）思（・）
10	ペーパーテスト	知（○）思（○）

（評価の種類の記号 「・」：診断的評価／形成的評価 「○」：総括的評価）

このような指導計画になりました。指導する姿と、評価する姿を連続して読むことができるように、第 1 時と第 8 時の実践と評価を紹介した後、第 5 時

と第6時の実践と評価を紹介していきます。

第2の姿「数学のよさに気づく姿」を形成的評価する
第1時　かさのはしたの表し方を考える

○**本時の目標**

　はしたの表し方を考えることを通して、単位となる大きさを10等分して新しい単位をつくることで、はしたを表すことができるというよさに気づくことができる。

○**本時の授業の様子**

　問題　松田先生の一口は、何デシリットルでしょう。

T：先生の一口は、何デシリットルでしょうか。

　そう問いかけると、実際に私が普段使っている湯飲みを見せました。

C：コップには何デシリットル入るの？

C：どうやって測るの？

と、質問が出てきました。

　私は、1dLを測ることができる容器を見せ、右図のようになったと伝えました。

　すると、「それではわからない！」という声が上がりました。

C：目盛りはあるけれど、ぴったりじゃないからわかりません。

C：もしも、目盛りぴったりなら分数で表すことができます。

　ある子がこのように困っていることを話してくれました。

　小数のよさである「単位となる大きさ（1dL）を10等分して新しい単位をつくることで、はしたを表すことができる場面」の対極、「単位となる大きさ（1dL）が10等分されておらず、はしたを表すことができていない場面」を提示することで、ぴったりじゃないものの表し方を考えるという学習のめあてを共有することができました。（**アクション7「よさに気づかせるしかけをする」**）

この後、子どもたちはどのようにはしたを表すのか試行錯誤していきました。そして、1dL を 10 等分して、その 3 つ分と見ると、ぴったりになることを発見しました。その発見をクラス全体で共有しました。そして、「1dL の 1/10 のかさを 0.1dL という」ことを教えました。しかし、このとき、クラスの半分くらいの子どもたちは、図を 10 等分にすることを経験していませんでした。よさに気づかせるためには、経験させることが必要です。

そこで、次のように投げかけ、液量図を提示しました。

T：となりのクラスの先生の一口は何 dL でしょうか。

この問題に取り組み、最後に本時のまとめをしました。

T：今日使った考え方でよいと思ったのは、どんな考え方だったかな？

C：図に目盛りをかく考えです。

T：どうしていいの？

C：目盛りがなくても自分でつくれば、ぴったりになったからです。

このようなやりとりをした後、自分なりのまとめをノートに書かせました。

第 1 時における「主体的に学習に取り組む態度」の評価

本時は、第 2 の姿「数学のよさに気づく姿」を形成的評価しました。

まずは、授業終盤に提示した問題「となりの先生の一口を小数で表すことができるか」の場面です。この問題を解くことができているかを授業中に見取りました。繰り返しになりますが、よさに気づかせるためには、経験させることが必要です。これは、主体的に学習に取り組む態度を見取っているのではありません。目盛りを 10 等分できるか見取っているので、知識・技能の観点です。できていない子どもが数人いたので、「さっきの考え方が使えないかな？」と声をかけました。努力を要する状況（△）から、おおむね満足できる状況（○）に引き上げるというイメージで指導しました。

　授業の最後には、よさの共有を行いました。「目盛りがなくても、自分でつくれば、ぴったりになった」という発言から、よさに気づいていると見取ることができます。また、ノートを回収して見てみると、授業のまとめの中に「ぴったり」という記述が見られました。この姿からも、よさに気づいていると見取りました。次の時間の最初によさに気づいている姿を全体に紹介して、フィードバックしました。（**アクション19「有効な学び方を自覚できるように自己評価する場をつくる」**）

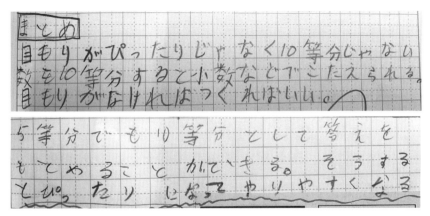

第1時のノートの様子

指導の改善

　クラスのどのくらいの人数が、よさに気づくことができたでしょうか。よさに気づいていると見取ることができたのは半分にも満たない数でした。

　「単位となる大きさ（1dL）が10等分されておらず、はしたを表すことができていない場面」だけでは、小数のよさを自覚するには不十分だったのです。

　その原因について、第1時の板書を見ながら振り返りました。まず、1dLの容器を5等分する目盛りを提示し、「もしも、ぴったりだったら5分の2になる」というやり取りをしています。

子どもたちにとっては、はしたの大きさを分数で表すことは既習であるがゆえのやり取りだったのではないか。子どもたちは、分数で表そうとしていた。だけど、なかなか表せない。そういった子どもの困っていることをもっと共有する必要があったのではないかと考えました。

　そこで、小数のよさに気づくことができるように、分数のよさと比べる機会を単元の中に組み込むことにしました。具体的には、単元末に設定している「魚の長さは、何"マツ"メートルと表すことができるでしょうか」という場面です。

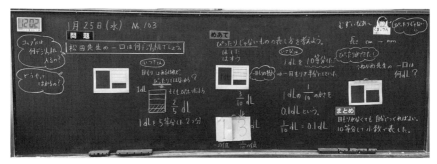

第1時の板書

第2の姿「数学のよさに気づく姿」を総括的評価する
第8時　魚の長さは、何"マツ"メートルと表したらよいか

○本時の目標
　小数と分数ではしたを表す方法を比べることで、それぞれのよさに気づくことができる。

○本時の授業の様子
T：世界のどこかにあるとされる「まっつん国」。その国に住んでいる、まっつんさんからメッセージが届いています。

と言って、次のスライドを見せました。

提示したスライド

問題 （まっつんが釣った）魚の長さは、何マツメートルと表せばよいでしょうか。

架空の国の架空の単位を使って長さを表すという課題です。架空の単位にすることで、1マツメートルを等分して新しい単位をつくる必要性をもたせたかったのです（mを使うと、下位単位であるcmで表すことができてしまいます）。

子どもたちには、魚拓（25cmの魚のイラストが描かれた用紙）と1マツメートルの紙テープ（50cmの紙テープ）を配付しました。すぐに、「1/2マツメートルだ」というつぶやきが教室のあちこちから聞こえてきました。

30人中4人が、「0.5マツメートル」（正答）や「0.2マツメートル」（誤答）と小数で表していました。

そのように表した理由を共有していきました。

1/2マツメートルと表した理由として、「1マツメートルの半分の長さだから」と説明してくれました。これは、誰もが納得した様子です。

次に小数の表し方についてです。

C：0.2マツメートルだとしたら、1マツメートルを10等分した2つ分ということになるから、ちがうと思います。

C：0.5マツメートルだと思う。1マツメートルの半分だから。

このような説明により、0.2マツメートルと表していた子も、0.5マツメー

トルという表現に納得した様子でした。

　その後、大きい魚を提示しました。3、4人グループに魚拓（70cmの魚の
イラストが描かれた用紙）を配付し、グループで考える時間を取りました。
　しばらく経った後、困っていることを共有しました。
C：1マツメートルより長いことはわかるんだけど、残りの長さを表すことが
　　できないです。
T：残りの長さのことを何と呼んでいたかな？
C：はしたです。
T：はしたの大きさを表すのに困っているんだね。困っている気持ちがわかる？
C：わかる！　だって、1マツメートルをいくら折ってもぴったりにならない
　　から、表せないんだよ。
　多くの子どもが、紙テープを4等分や8等分にして、ぴったり合う長さを
探していました。この段階では、多くの子どもが分数で表そうとしていまし
た。

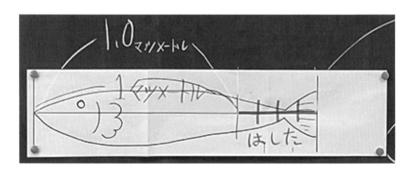

　さらに試行錯誤する時間を取りました。
C：先生、分数で表せました！！
　1マツメートルと3/4マツメートルになりました。
　そう言って、下の板書のように小さい魚をもとにして大きい魚の長さを測定

したことを説明しました。はしたの部分は、小さい魚を4等分した3つ分と主張したのです。

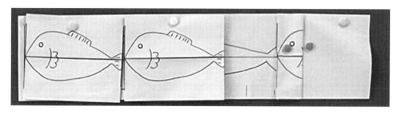

1マツメートルと3/4マツメートルの意見

しかし、これは正確に測定することができていません。また、3/4マツメートルは、小さい魚の3/4なので、もとにする量が変わってしまいます。ですので、先ほどの説明を聞いた子どもたちからは、「もとがちがうから、その表し方はおかしい」と反論されました。

分数で表すのは難しそうということで、小数の表し方を考えていくことになりました。

T：小数で表すには、どのようにしたらよいかな？

C：もとを10等分すればよかったです。

T：そうでしたね。他のグループも小数で表すことができないか試してみましょう。

しばらくすると、どのグループも紙テープを10等分した目盛りをつけていく様子が見られました。そして、1.4マツメートルという結論を得ることができました。

小数と分数のよさを比べる

授業終盤には、小数と分数の表し方を比べるために、次のように問いかけました。

T：小数と分数、両方の表し方がありましたね。どちらの表し方が好きですか。

C：分数です。1/2、1/4、1/8は表しやすいです。

T：表しやすい分数があるんだね。逆に、そうでない分数もあるということ？
C：大きい魚は、分数で表せなかったです。
C：小数の表し方が好きです。10 等分していくと、新しい単位がどんどんつ
　くれそうだからです。
T：それぞれによさがありそうですね。

　このように 1 時間を振り返って授業を終えました。

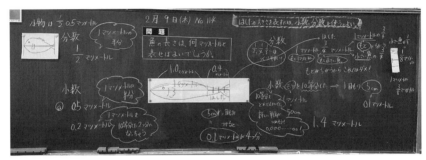

第 8 時の板書

第 8 時における「主体的に学習に取り組む態度」の評価

　授業終盤で、「小数の表し方が好きです。10 等分していくと、新しい単位が
どんどんつくれそうだからです」と発言した子どもがいました。この子ども
は、単位となる大きさを 10 等分して新しい単位をつくることで、端数部分を
表すことができるという小数のよさに気づくことができています。

　授業後の振り返りを見てみると、「生活でよく使っているのは、小数だと思
う。小数の方が使いやすいからだと思う」「小数は、0.4 だけでなく、1.4 や
2.3 もできる。だから、小数の方が生活で使っていると思う」という記述があ
りました。1 より大きい分数は、未習なので、現時点では、1 より大きい数を
表すことができるという小数のよさに気づいた姿だと見取りました。

第１時で、第２の姿を指導し、第８時で総括的評価の一部としました。第２の姿は、１時間の中だけはなかなか見取ることが難しいです。しかし、明確な指導の意図をもって授業を行うことが、評価をする上で欠かせません。

ここまで、お読みの皆さんは、「◎、○、△はどう判断するの？」と疑問をおもちの方もいるでしょう。つまり、最終的な総括的評価の方法が気になるところだと思います。私は、第２の姿と第５の姿を視点としたルーブリックを使って総括的評価を行いました。詳しくは、続く第５時と第６時を紹介した後で述べていこうと思います。（**アクション２「７つの姿と相性抜群のルーブリックを使う」**）

第５の姿「学習に活用しようとする姿」を総括的評価する
第５時　小数の足し算の仕方を考える

○本時の目標

　小数の相対的な見方を活用して、小数の足し算の仕方を考え、説明することができる。

○本時の授業の様子

　次の問題を提示しました。

問題　まっつんは牛乳が大好きです。朝に□ L、夜に□ L 飲みます。合わせて何 L になりますか。

　問題の一部を□にして提示しました。授業後半に、「じゃあ、〜だったら」と子どもたちが自ら数値を変えて取り組めるようにするためです。

　給食に出てくる牛乳は、200mL、つまり 0.2L といったことをやりとりした後、朝は 0.6L で夜は 0.2L 飲んだことを伝えました。

　ここで、しばらく考える時間を取りました。

　この授業を行なったのは１月末だったので、多くの子が１つの解決方法に留まらず、２つ目、３つ目の解決方法も考えようとしていました。これは、第３の姿「多様な方法で考え、説明しようとする姿」です。

さて、全体では 4 つの方法を共有することができました。

① 小数を分数に直して、分数の計算にする方法

0.6 ＝ 6/10、0.2 ＝ 2/10 になる。

6/10 ＋ 2/10 ＝ 8/10　　8/10 ＝ 0.8 だから、答えは 0.8L。

② 0.1 のいくつ分と考える方法

0.6 は 0.1 が 6 つ。0.2 は 0.1 が 2 つ。

6 ＋ 2 ＝ 8　0.1 が 8 つだから、0.8L。

③ 液量図に表す方法

図に表すと、1 目盛りは 0.1L。6 ＋ 2 ＝ 8 で 8 目盛り分なので、0.8L。

④ ②の考えを○図に表して説明する方法

これら 4 つの方法を共有した後で、それぞれの考えのよさを共有し、共通点を問いました。

T：それぞれの考えのよさは、どんなところですか。

C：①の考えは、習ったことを使っているところです。

C：②は 6 ＋ 2 ＝ 8 という計算なら 1 年生でもできるからわかりやすいです。

C：③も 6 ＋ 2 ＝ 8 があります。図にするとわかりやすいです。

C：④も図にしているからわかりやすいです。

T：では、それぞれの考えに共通するところはどこですか。

C：6 ＋ 2 ＝ 8 という計算を頭の中でしているところです。

T：本当ですね。このように整数の計算にするために使っている考えは何でしょうか。

C："たんいぽぽ" です。（単位の考えを表すオリジナルキャラクター）

T："たんいぽぽ" は、どんな考えだったかな。

C：〜のいくつ分です。

T：そうでしたね。どの考えも単位の考えを使って、6 ＋ 2 ＝ 8 の計算をしていますね。

C：先生、じゃあ、今度はくり上がりのある計算をやってみたいです。

T：では、オリジナルの問題をつくって、解いてみましょう。今日は、4つの
　考え方を発表してもらいましたが、自分が今よいと思った方法で説明して
　みましょう。

　このようなやりとりをしました。最後の子どもの発言は、かなり理想的な展
開ですが、実際にあった発言です。このような発言がなければ、「次は、どう
したい？」と尋ねてみるとよいと思います。

第5時における「主体的に学習に取り組む態度」の評価

　この時間は、続く第6時で使う既習を身につけさせることに重点を置きま
した。評価としては、既習を使おうとしているかどうかを見取っていき、主に
手が付けられない子や、計算はできるけれど既習を使った説明ができないでい
る子を見取りました。

　ある子は、液量図をかいてそのままの状態でした。問題に取り組む時間中
に、私が「図をかいていていいね！　これ、一目盛りはいくつなのかな？」と
声をかけました。しばらくした後にその子のノートを見てみると、「一目もり
は0.1L」と記されていました。

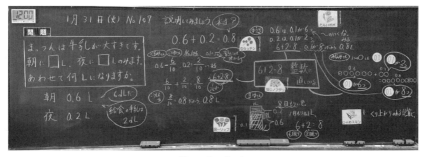

第5時の板書

ある子は、計算の結果「0.6 + 0.2 = 0.8」とだけノートに書いていました。その子にどのように声をかけるか迷いました。言葉が出てこなかったというのが正直なところです。その子には、「習ったことを使って説明してごらん」と直接的な指導をしてしまいました。

　第5の姿「学習に活用しようとする姿」を指導する際には、その姿を引き出すようにしたいものです。この日の私の指導は、極端に言えば強制です。習ったことを使って説明しなさいと言っているようなもの。子どもが、習ったことを使いたいと思えるようにしたいと、反省しました。

指導の改善

　続く第6時は、小数の足し算の学習で使った単位の考えをそのまま使って説明することができる小数の引き算の学習です。子どもに委ねる割合が増えます。そこで、前時の中で学習したことを使って説明できなかった子どもを重点的に見守ることにしました。このように、教師が誰のどこを見るのか決めることも指導改善の1つの方法です。

第5の姿「学習に活用しようとする姿」を総括的評価する
第6時　小数の引き算の仕方を考える

○**本時の目標**

　小数の相対的な見方を活用して、小数の引き算の仕方を考え、説明することができる。

　小数の加法の仕方で学習した内容を使って、小数の減法の仕方を考えようとする。

○**本時の授業の様子**

　次の問題を提示しました。

問題 まっつんは今日も牛乳を飲みました。あと何 L 残っているかな。

　条件不足の問題です。子どもたちとやりとりしながら、「最初にあった量－飲んだ量」をすればよいことを確認しました。

　そして、数値を整数、分数の順に入れて計算した後、「1 － 0.2」を入れました。ここからは、子どもたちに委ねる時間です。

　この時間は、仲間と話したり、教科書を見たりしながら考えることを認めました。そのため、席が近い人同士で話し合う姿が見られました。私は、その様子を見て、既習を使おうとしているかどうかを見取っていきました。特に、前時に、式をかくだけに留まっていたあの子を重点的に見るようにしました。

　本時の学習内容のポイントは、0.1 のいくつ分という見方ができるかどうかと、「1 は 0.1 が 10 個分である」という知識が使えるかどうかです。

　前時に既習を使って説明できなかった子も、上の知識を使って説明することができていました。前時の学習の成果です。その他、大勢の子どもも同様に既習を使って説明することができていました。

　しかし、ある子が次の式をかいて困っているようでした。

「1000 － 2 ＝ 998　998mL」

　この考えは、多くの子どもにとって学びになると考えました。その式をかいた子に、「これ、みんなに紹介してもいいかな？　きっとみんなにとっても学びになると思うから」と尋ねて全体に紹介しました。そのときのやりとりです。

T：このような考えがあったんだけど、一緒に考えてみようか。

　　1L ＝ 1000mL　0.2L ＝ 2dL

　　1000 － 2 ＝ 998　998mL という答えになりました。

C：その考えは、僕のです。

C：おしいね。

C：それではいけないよ。

C：単位が…。

T：これではいけないの？

C：単位がそろっていないからいけません。mL と dL で計算してしまっているよ。

C：単位をそろえればいいから、0.2L を mL に直して 200mL。

　1000 － 200 ＝ 800 だから、800mL になります。

T：単位をそろえればいいんだね。

　誤答を紹介させてくれたその子は、納得した表情でした。うれしかったのは、この後の次のやりとりでした。

C：でも、さっきの考えは間違いだったけれど、mL に直すという考えは私にはなかったよ。

C：僕にもなかった！　すごいね！

　これは、仲間の考えを理解しようとする姿であり、よさに気づく姿でもあります。このような態度も、主体的に学習に取り組む態度として評価するとよいでしょう。

　授業終盤、「算数のよりよい学び方」の掲示を見せました。「算数のよりよい学び方」は、このクラスでよいと思った算数の学び方を集めて整理したものです。この掲示を見ながら、自分の学び方について振り返って授業を終えました。**（アクション 19「有効な学び方を自覚できるように自己評価する場をつくる」）**

第 6 時における「主体的に学習に取り組む態度」の評価

　本時では、ほぼ全員が前時の単位の考えを使って、「1 － 0.2 ＝ 0.8」を説明することができていました。それに加えて、「1000 － 2 ＝ 998　998mL」という誤答の中にあるよさに気づいたり、仲間の考えを理解しようとしたりする

姿を見取ることができました。学年末の単元ということで、誤答に対しても共感的に受け止めることができる子どもが増えてきたという印象です。このような姿は、評価うんぬんは置いておいて、とても思いやりのある姿だと思います。正解・不正解がはっきりする教科だからこそ、このような思いやりを育てることが大切だと私は思います。

　本時は、第5の姿「学習に活用しようとする姿」を総括的評価の一部としました。詳しくは次のページをご覧ください。

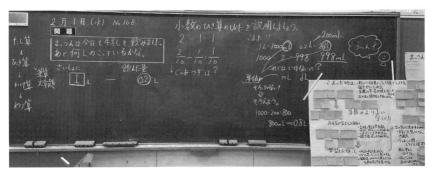

第6時の板書

「小数」の主体的に学習に取り組む態度を記録に残す

　この単元では主に、第2の姿「数学のよさに気づく姿」と第5の姿「学習に活用しようとする姿」を指導してきました。これらの姿を視点としてルーブリックを作成しました。

視点
①　単位となる大きさを10等分して新しい単位をつくることで、端数部分を表すことができるという小数のよさに気づくことができた。
②　小数の加法の仕方で学習した内容を使って、小数の減法の仕方を考え

ようとしたか。
③　その他（①、②以外で７つの姿のいずれかの姿が表れたか）

　これらの視点で、それぞれ見取ることができたらチェックします。そして、１つチェックが付いたら「おおむね満足できる状況（○）」とし、２つ以上チェックが付いたら「十分満足できる状況（◎）」としました。

		視点①	視点②	視点③	記録（◎、○、△）
1	××× ×××	✓	✓	✓	◎
2	××× ×××		✓	✓	◎
3	××× ×××	✓	✓		◎
4	××× ×××		✓		○
5	××× ×××	✓			○
6	××× ×××			✓	○
7	××× ×××				△

記録のイメージ

　上の表は、記録のイメージです。今回は、ほとんどの子どもが視点②にチェックが付きました。

　しかし、中には、まったくチェックが付かなかった子どももいます。その原因は、指導が不十分だったことにちがいありません。どのように指導を改善すればよいかを常に考え続けることが、教師の仕事です。

　一方で、その子のよさを見取る視点を教師がもっていないがゆえに、努力を要する状況（△）という記録が残ってしまうこともあると思います。自分の指導が至らなかったと反省するだけではなく、その子のよさを探してみようという心構えも必要です。

　たとえば、左の表の６番の子は、視点③その他にチェックが入っています。視点①小数のよさに気づく姿と、視点②学習に活用しようとする姿を見取ることができなかったとしても、わからないところを仲間に進んで質問している姿を見取ることができれば、チェックを入れていいと思うのです。これは、「自分の考えをまとめ、さらに新たな問いをもとうとしている姿」、すなわち、第１の姿「問い続ける姿」なのですから。

6年「資料の調べ方」

6年「資料の活用」で育てたい主体的に学習に取り組む態度

　学習指導要領（平成29年3月告示）では、領域D「データの活用」が改訂の目玉の1つとして新設されました。従来の指導では、棒グラフや折れ線グラフなどを読んだり書いたりすることに重きが置かれていましたが、それだけでは不十分で、データを活用して問題を解決していくことにより重きを置くようになったのです。

　さて、現行の統計領域における指導課程では、小学校段階では、1変数のデータか2変数のデータを扱います。変数というのは、調べる項目のことだと考えてください。6年生のある教科書を見ると、ソフトボール投げの記録が扱われています。これは1変数ですね。別の4年生の教科書を見ると、けが調べと称してけがの種類とけがをした場所のデータが扱われています。この場合は2変数のデータということになります。

　しかし、実社会においては、2変数のみのデータを扱うだけではないため、小学校段階でも多変数データを扱う必要があると考えます。青山和裕氏（2015a）によれば、ニュージーランドの数学の教科書では、多変数の指導が初等段階で取り入れられているそうです。また、青山和裕氏（2015b）は、3年生の子どもを対象に行った授業実践で、4つの変数を用いて分析する課題で十分にこなすことができたと報告しています。具体的には、「忘れ物をしないための方法を考えよう」という課題をもたせ、アンケートを行い、データカードにまとめる。その際、忘れ物とは関係のなさそうな項目もアンケートに盛り込む。そして、グループごとにその観点が忘れ物の多さに関係あると言えるかどうか、ある場合には、その原因について考えさせています。この実践では、「犬や猫を飼っていることと忘れ物をすることが関係ある」という分析結果が出て、子どもから驚きの声があがったそうです。多変数のデータを子どもに与えることで、多様な観点で考察する姿を引き出すことができるという点で、示唆に富んでいます。

　本実践では、ドットプロットやヒストグラムという新たなツールを手に入れた6年生の子どもたちを対象に、多項目のデータを用意することで、

第4の姿「多面的・批判的に分析し判断しようとする姿」を引き出したい

と考えました。（アクション12「多項目のデータを用意する」）

　また、第4の姿を引き出す上では、多様な考えの比べ方を教えていくことも重要です。今回の「データの活用」は、多様な表現を考えやすい領域でもあります。学習の中で生まれた多様な考えを「どれが一番よいか」などと序列化するのではなく、自分なりの根拠をもって最適解を選ぼうとする態度を育てていくことが大切です。（アクション11「多様な考えの比べ方を教える」）

　本実践では、閉眼片足立ちを使います。平衡感覚を数値化するテストです。日本健康運動研究所のHPには次のように計測方法が記されています。

平衡性のチェックの仕方

1. 両手を腰にあて、両目をつぶり、左右どちらでも立ちやすい側の足で片足立ちになります。
2. 上げた足は軸足には触れないようにして、高さとか位置は自由です。
3. 最大180秒（実践では、120秒までとした）として、軸足が少しでもずれたり、上げた足が床に着いたりした時点で終了。その時間を測定します。
4. 2回行い、長いほうの時間を記録します。

　選定理由は、データを子どもたちが簡単に集めることができる点。もう1つは、別の観点、たとえば、バレエ経験者は平衡感覚が優れているかといった課題を、子どもたちが設定しやすい点です。
　また、本実践では、MTK（目を閉じて片足立ち）ゲームと称し、ゲーム化することで、取り組みやすいようにしました。

単元の目標

　統計的な探究を行うことで、目的に応じてデータを収集したり適切な手法を選択したりするなど、統計的な問題解決の方法を知るとともに、データの特徴や傾向に着目し、代表値などを用いて問題の結論について判断するとともに、その妥当性について批判的に考察することができるようにする。また、統計的なツールを自分で作成し、それらを多面的・批判的に分析し判断しようとする態度を養う。

本単元で見取る主体的に学習に取り組む態度

　第4の姿「多面的・批判的に分析し判断しようとする姿」を引き出し、見取っていきます。具体的には、「バランス力のよさと何が関係しているか」という課題に対して、複数の考えの中から根拠をもって最適な解を選ぼうとしているかどうかを評価規準とします。複数の考えというのは、「MTKゲームの数値と好きな科目の関係」といった平衡感覚と関係しているものについて、もう1つは、「割合に着目して円グラフにしてみた」といった多様な統計ツールに

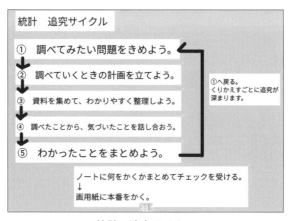

統計の追究サイクル

ついてです。

　どこで見取るのか？　それは、統計の追究サイクル（一般的には、統計的探究サイクルと呼ばれている）の２周目の子どもの様子に着目します。本単元でも、「追究サイクル」と称して学習の進め方を明示することを意識してきました。（アクション３「プロセスとゴールは共有する」）

本単元における指導と評価の計画

	学習内容	評価の観点と種類
1	平均値、最大値、最小値、範囲について	知 （・）
2	ドットプロットについて	知 （・）
3	中央値、最頻値について	知 （・）
4	ヒストグラムについて	知 （・）
5	くふうされたグラフについて	知 （・）
6	どのクラスが一番結果がよいと言えるか	思 （・） 主 （・）
7	どのクラスが一番結果がよいと言えるか	思 （・） 主 （・）
8	MTK（目を閉じて片足立ち）ゲームをしよう	思 （・） 主 （・）
9	バランス力が高いのは、どんな人か	思 （・） 主 （・）
10	バランス力が高いのは、どんな人か	思 （・） 主 （・）
11	バランス力が高いのは、どんな人か	思 （・） 主 （・）
12	成果を発表しよう	思 （○） 主 （○）
13	単元末テスト	知 （○）

（評価の種類の記号　「・」：診断的評価／形成的評価　「○」：総括的評価）

第４の姿「多面的・批判的に分析し判断しようとする姿」を形成的評価する
第８時　MTK（目を閉じて片足立ち）ゲームをしよう

○学習の様子

　「MTKゲームをしよう」と投げかけました。６年生になっても、「やった

あ！」と素直な子どもたち。ルールを説明しました。

<MTKゲームのルール>
①両手を腰にあて、目をつぶり、片足立ちをする。
②上げた足は、地面に着いている足にさわってはいけません。
③最大120秒とし、足が着いたら終了です。

席が隣同士の子とペアにさせ、記録を付箋に記入させました。
以下のように黒板に結果を貼りました。

男子は水色、女子はピンク色
の記録紙に記入させました。

MTKゲームの記録

次のようなやりとりをしました。
T：記録を見ると、男子の記録がよさそうですね。
C：そんなことないですよ！　女子も強い。120秒の子がいるよ。
C：ああ！　本当だ！
C：平均で比べたらいいんじゃない？
C：記録用紙がばらばらに貼ってあるから、ちゃんと整理したいな。
C：男子が強いかもしれない。50秒以上の記録が多そうだから。
C：今、数えたんだけど、最大値の120秒の数は男子も女子も3人で同じ。

C：う〜ん、どっちの方が、記録がいいのかな？

T：じゃあ、今日は、男子と女子どちらの記録がよいと言えるか調べてみよう。

このようなやりとりを経て、子どもたちの追究意欲が高まってきました。

この授業では、データカードを使用して調べるようにしました。

本実践で使ったデータカード

クラスは34人いたので、自分の記録を34枚データカードに記入させ、教室をぐるぐる回るようにして一人ひとりに全員のデータカードが行き渡るようにしました。

子どもたちは、データカードを並べながら柱状グラフをつくってみたり、平均値を求めたりして、自分なりの結論を出していきました。データカードは、試行錯誤のハードルを下げるので、ぜひ使ってみてください。

データカードを使って試行錯誤している様子

いよいよ全体で共有の時間です。

平均値を求めて比べました。

男子の平均値は、（10+120+55+40+…+84）÷18＝52.666…

約 52.67 秒でした。

私は、度数分布表をつくって比べてみました。
区間ごとに見てみると、100〜120 秒の区間は男女とも 3 人で同じだけど、次の 80〜100 秒の区間では男子の人数の方が多いです。
だから、男子の記録の方がよいと言えます。

度数分布表			
秒数	人数(男)	人数(女)	勝
0〜20	5 人	7 人	女
20〜40	3 人	3 人	同
40〜60	3 人	1 人	男
60〜80	2 人	1 人	男
80〜100	2 人	1 人	男
100〜120	3 人	3 人	同

柱状グラフの左側の部分に着目すると、女子の記録が偏っていることがわかります。男子は中間にいる人数が女子に比べて多いので、男子の記録の方がよいと言えます。

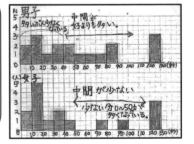

さらに発表は続きます。

柱状グラフに似ているんですけど、こんなグラフにしてみました。

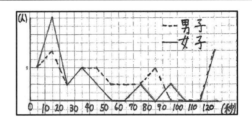

柱状グラフですけど、区間の幅を 20 秒ずつにしてみました。

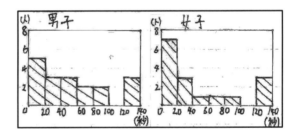

　たくさんの考えが出てきました。どの考えも根拠がはっきりしていること、また、複数の考えを比べていることを大いに褒めました。これらは、まさに「複数の考えの中から根拠をもって最適な解を選ぼうとしている」姿に他ならないからです。言い換えれば、第 4 の姿を形成的に評価していきました。

　発表できなかった子に対しても、ノートを回収して先生からのコメントを書いたり、次の時間に紹介したりすることで励みになるでしょう。

　さて、私は、この後、次のように全体に投げかけました。

T：どうやら、男子の記録の方がよいと言えそうですね。ところで、他のクラスで MTK ゲームをしても男子の記録の方がよくなりそうですか？

C：そうとは限らないと思う。

C：もしかしたら女子で運動神経がよい人がいるかもしれません。

C：運動神経というか、バランス力かな？

T：男子か女子かは関係がないの？

C：関係ないと思う！

T：他に何が関係していると思うの？

C：運動神経のよい人の方が、記録がよくなると思います。

T：バランス力のよさと運動神経は関係があるのかな？

C：調べてみないとわかりません。

T：では、次の時間はバランス力と何が関係しているか調べてみようか。どんなことを調べてみたいですか？

C：運動神経とバランス力の関係。

C：バレエ経験者とバランス力の関係。

C：誕生日や血液型との関係。

　このようなやりとりを通して、次の活動への見通しを共有していきました。第 8 時はここで終了です。

指導の改善

　本時は、第 4 の姿を「多面的・批判的に分析し判断しようとする姿」を引き出し、形成的に評価していきました。

　具体的に言えば、「MTK ゲームの記録は、男子と女子のどちらがよいと言えるか」という課題に対して、複数の考えの中から根拠をもって最適な解を選ぼうとしている姿を見取りました。

　まず、全員が着目したのが男子と女子の記録それぞれの平均値でした。そこで、結論づけてしまう子どもが何人かいました。

　その子たちに対しては、机間巡視をしながら「本当にそっちの記録がよいと言えるのかな？」と話していました。その声かけでほとんどの子どもが、データカードを使って考え始めました。そして、度数分布表やヒストグラム、階級の幅を変えたヒストグラムなど、別の表現方法で考えようとする姿が見られるようになりました。ですので、次の時間以降も同様にデータカードを使うことに決めました。

　しかし、全員が複数の考えをもつことができたわけではありませんでした。

　トモキさん（仮名）は、平均値を求めることに精一杯の様子でした。データカードを並べようとするのですが、うまくいかなかったようでした。

　トモキさんは、この単元の学習に苦手意識があるようでした。データカードを自由自在に扱うには、ある程度の経験が必要だということに、私はこの時点で気づきました。

　さらに、今回は、どの観点から見ても「男子の記録がよい」と結論づけることができました。次からは、自分たちで観点を定めて考察していくため、結論を出すことも難しくなると予想していました。トモキさんだけではなく、多くの子どもが戸惑うだろうと考えました。そこで、いきなり個人で取り組むのではなく、グループになって追究していくように計画を変更しました。

　話は少し逸れますが、この授業を見てくださった参観者の先生から、「男女別で競わせるのは、ジェンダー的に問題があるのでは？」という指摘をもらいました。そのような受け止め方があることを知ることができ、勉強になりました。明らかな学習内容のみならず、隠れたメッセージを受け取ってしまわないか。これは私たちが授業を行う上で、常に意識したいことです。しかし、今回は、まさに「男女のちがいではない」と子どもたちが結論づけたことに価値があると考えます。

　他の先生に授業を見てもらう授業研究の機会は、普段は授業者一人で行う評価を、多くの目で行っていることに他ならないのです。

○**学習の様子**

　バランス力と何が関係しているだろうか？

　子どもたちは、追究したくてうずうずしているようでした。

　MTKゲームの実践は、私の学級だけでなく、学年揃って実践させてもらいました。学年合わせて143人分の閉眼片足立ちのデータを集めることができます。架空のデータではなく、本物のデータに触れることも大切なことです。

　グループに分かれて、調べたい項目を話し合いました。そして、アンケートを作成しました。アンケートの項目は、「将来の夢はありますか」「上ぐつのサイズは24cm以上ですか」「授業中は眠たくなりますか」「リーダーになりたいですか」「暗い場所がこわいですか」「ピーマンは好きですか」などでした。

　アンケートは次のようなものです。

算数アンケート

　　このアンケートは、MTKゲームと皆さんの生活との関係を調べるものです。MTKゲームとは、目を閉じて片足立ちをして、立っていられた時間を計るゲームです。詳しいルールは、以下の通りです。
　①　両手を腰にあて、目をつぶり、片足立ちをします。
　②　上げた足は、軸足にさわってはいけません。
　③　最大120秒とし、足がついたら終わりです。
　④　けんけんをしたり、回ったりするなど、止まっていられなくなっても終了です。
　ご協力よろしくお願いします。

ここからアンケートです。あてはまるものどちらかに○を付けてください。

①　MTKゲームの結果を書いてください。

　例）　1分52秒→60 + 52 = 112　　　　112秒

秒

②　スポーツ系のクラブや部活、習い事をやっていますか。

はい　　　　　いいえ

---

③　将来の夢はありますか。

はい　　　　いいえ

④　なわとびの片足とびを 30 回以上できますか。

はい　　　　いいえ

⑤　あなたは自転車に、週 2 回以上乗りますか。

はい　　　　いいえ

⑥　生まれた月は、何月ですか。

1月　2月　3月　4月　5月　6月　7月　8月　9月　10月

11月　12月

⑦　上ぐつのサイズは、24cm 以上ですか。

はい　　　　いいえ

⑧　夜にねむっているとき、夢をみますか。時々でも見たことがあるなら「はい」です。

はい　　　　いいえ

⑨　血液型は何型ですか。

A　　B　　O　　AB

⑩　これまでに、バレエを習ったことがありますか。

はい　　　　いいえ

⑪　授業中は、眠たくなる方ですか。

はい　　　　いいえ

⑫　リーダーになりたいですか。

はい　　　　いいえ

⑬　ピーマンは好きですか。

はい　　　　いいえ

⑭　暗い場所が、こわいですか。

はい　　　　いいえ

⑮　ペットを飼っていますか。

はい　　　　いいえ

⑮で「はい」を選んだ人だけ答えてください。自分で週3回以上散歩を
していますか。

はい　　　　　いいえ

アンケートは以上です。ご協力ありがとうございました。

　アンケートを実施したら集計です。すべて子どもたちが行えるのが理想的で
すが、時間は限られています。今回は、私がデータカードを用意することにし
ました。その際、グループごとに調べたい項目を4つまで絞ってもらうこと
にしました。たとえば、下のグループは、「血液型」「誕生日」「片足跳び30
回以上できるか」「ピーマンは好きか」という項目を載せることに決めまし
た。それを私の方で、Excel の差し込み機能を使ってデータカードをつくりま
した。

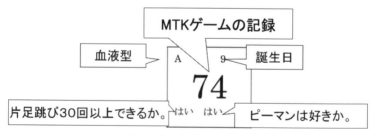

本実践で使ったデータカード2

○追究の結果

グループ1 〈運動神経と MTK ゲームの記録の関係〉

　このグループは、全データカードを使って柱状グラフを作成しました。その
次に、「片足跳び30回以上できる」「スポーツ系のクラブや部活、習い事を
やっている」「自転車に週2回以上乗る」「ペットの散歩を週3回以上する」
のどの項目が運動神経に関係しているか話し合いました。

　運動神経のよさをアンケートで尋ねることに難しさ
を感じていたこのグループの子どもたち。このグルー
プが個性的だったのは、上記4つの項目のうち3つ
以上「はい」と答えた人を運動神経のよい人と決めた
ところです。最終的には、関係がありそうな項目をす
べて使ったのです。この写真のように、データカード
を見て、当てはまるカードの分だけ別の用紙にシール
を貼ってグラフを作成しました。

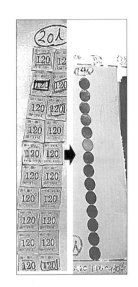

　MTKゲームで120秒を出した人の中で、運動神経
がよい人は20人のうち14人（70%）と多く、0〜
30秒を出した人の中で運動神経がよい人は76人のう
ち23人（約30%）と少なかったので、運動神経が
よいほどMTKゲームの記録がよいと結論づけました。

グループ2 〈リーダーになりたいという思いと MTK ゲームの記録の関係〉

　このグループは、「将来の夢はありますか」という項目に着目して、「はい」
と答えた人と、「いいえ」と答えた人の平均値を求めていました。しかし、求
めた平均値の差が小さかったようで、別の観点「リーダーになりたいですか」
に着目しました。「はい」と答えた人の MTK ゲームの平均値は約49秒、「い
いえ」と答えた人の平均値は約40秒でした。このグループは、リーダーにな
りたい人の記録の方が高いと判断し、「人の前に立つ人は、頑張り屋が多いか
らだ」と結論づけました。

グループ3 〈血液型と MTK ゲームの記録の関係〉

　このグループは、血液型ごとに柱状グラフを作成しましたが、各血液型の人
数が異なることに気づきました。しばらく悩んだ後、それぞれの記録の割合に
着目することにしました。人数が異なるもの同士を比べる際には、割合で比べ
るとよいということは5年生のときに学習しています。

それぞれの血液型における MTK ゲームの記録が 60 秒以上の人の割合は、A 型…約 27 ％、B 型…約 25 ％、O 型…約 34 ％、AB 型…約 13 ％でした。この結果から、下のような円グラフを作成してバランス力があるのは O 型で、AB 型が一番悪いと結論づけました。

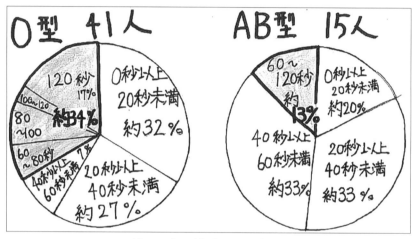

グループ 3 が作成した円グラフ

グループ4 〈暗い場所が平気な人とこわい人の MTK ゲームの記録の関係〉

　「暗い場所がこわいですか」という項目に「はい」と答えた人の中で、60 秒以上の記録を出した人は 72 人のうち 20 人（約 28 ％）、「いいえ」と答えた人は 71 人のうち 17 人（約 24 ％）でした。このグループは、暗い場所がこわいかどうかとバランス力には関係がないと判断しました。このように、「関係がない」と結論づけることも 1 つの結論です。

　このグループは、「明るい場所で目を閉じて測るのではなく、真っ暗な場所で測定したい」と新たな問いを見つけたようでした。新たに計測する時間はないと伝えると残念そうにしていました。

　また、1 つの考えに止まっているようでしたので、私は、「別の観点からも

調べてごらん。たとえば、平均値を求めてみるのはどうかな」と助言しました。

グループ5　〈ピーマン好きと MTK ゲームの記録の関係〉

「ピーマンが好きですか」という項目に「はい」と答えた人の平均値は約 52 秒、「いいえ」と答えた人の平均値は約 38 秒でした。この結果から、「野菜好きの人の方が、バランス力がある」と結論づけました。次は「ピーマンに含まれる栄養素との関係について調べたい」という新たな問いを見つけたようでした。

ピーマンに含まれる栄養素についての調べ学習を始めようとしているところで、授業時間が終わってしまいました。

「資料の調べ方」の主体的に学習に取り組む態度を記録に残す

この単元では、第 4 の姿「多面的・批判的に分析し判断しようとする姿」を指導してきました。そして、次の姿を視点として総括的評価をしました。

> 視点
> 「バランス力のよさと何が関係しているか」という課題に対して、複数の考えの中から根拠をもって最適な解を選ぼうとしているかどうか。

総括的評価は当たり前のことですが、個人に対して行われるものです。今回はグループ活動でしたので、グループの中にずっと受け身のままでいる子どもが出てきてしまうことも考えられます。ですので、グループ活動の過程を丁寧に見取っていく必要があります。

まず、「おおむね満足できる状況（○）」以上かどうかを判断します。評価規準の中でも着目すべきは、「複数の考えの中から根拠をもって」という点です。統計の追究サイクルの 2 周目の場面で見取っていけばよさそうです。

それぞれのグループの活動をこの視点から見てみましょう。

グループ1 〈運動神経と MTK ゲームの記録の関係〉では、複数の観点に着目し、運動神経がよい人はどんな人かを考察しています。

グループ2 〈リーダーになりたいという思いと MTK ゲームの記録の関係〉では、はじめは「将来の夢はありますか」という項目に着目していましたが、「リーダーになりたいですか」という項目に視点を変えました。これも複数の考えと捉えてよいです。

グループ3 〈血液型と MTK ゲームの記録の関係〉では、まず、血液型ごとの柱状グラフを作成しました。しかし、各血液型の人数が異なるため、割合に着目して円グラフを作成したので、複数の考えをしていることがわかります。

グループ4 〈暗い場所が平気な人と怖い人の MTK ゲームの記録の関係〉は、どうでしょうか。「暗い場所がこわいですか」という項目に対してのみ調べていましたが、その後、私の助言を受けて、考えに付け加えるようにして平均値を求めようとする子どもがいました。これは、複数の考えと捉えてよいでしょう。ここで、平均値を求めようとせず、何もしないままでいたら、「努力を要する状況（△）」と判断していたでしょう。

　そして、△を生んでしまうのは、指導に改善の余地があるということです。トモキさんは、このグループ4に属していました。データカードを分類する作業を協力して行っていました。暗いところがこわいと答えた人 72 人の中で、MTK ゲームの記録が 60 秒以上の 20 人が占める割合を求める際は、グループの仲間に任せていたようです。ですが、私の助言の後、時間をかけながらも平均値を求めようとする姿が見られました。私は、「おおむね満足できる状況（○）」と判断しました。割合が求められなかったのであれば△ではないかという意見もあると思いますが、今回は、「割合を比べてもあまり変わらなかったので、関係がない」というように根拠をもって最適な解を選ぼうとして

いたら○でいいと思うのです。思考力は、別の場面でも見取ることができるのですから。

グループ5 〈ピーマン好きと MTK ゲームの記録の関係〉も、先ほどのグループ4と同様に、1つの考えで止まっているようでした。しかし、「ピーマンに含まれる栄養素を調べて、その栄養素を含んだ別の食べ物が好きかどうかも聞いてみたいです」とある子が話していました。調べる時間はありませんでしたが、複数の考えの中から根拠をもって最適な解を選ぼうとしていたので、「おおむね満足できる状況（○）」以上と判断しました。

◎の基準

「おおむね満足できる状況（○）」の中から、さらに7つの姿が見られれば、加点式に「十分満足できる状況（◎）」と判断していきました。**（アクション18「7つの姿でよさを探す」）**

たとえば、グループ3 〈血液型と MTK ゲームの記録の関係〉では、5年生のときに学習した内容「総数が異なる時は割合で比べるとよい」という知識を使って考えていました。第5の姿「学習に活用しようとする姿」です。また、グループ5で「ピーマンの栄養素を調べたい」と言い出した子は、新たな問いを見つけています。このように、子どもたちのよさを探していきました。

おわりに

あなたにとって、評価とは何ですか？

　先生になりたての私にこのように問えば、「よくわからなくて、できればやりたくないもの」と答えていたかもしれません。「評価＝総括的評価」と誤認していた私です。未熟でした。

　本書の執筆を通して、次のように考えるようになりました。

　「評価とは、子どものよいところを見つける技術だ！」と。

　7つの姿に算数科の目標を因数分解したことで、子どものよいところを具体的な姿として言葉にすることができるようになったのは間違いありません。評価を「よいところ見つけ」だと考えたら、毎日の授業をまずは先生自身が楽しめるようになるのではないでしょうか。本書を通して、算数をしている子どものよいところを少しでも多く見つけられるようになるお手伝いができたら、これ以上うれしいことはありません。

　評価は、指導方法に比べると教員間同士でも話題になりにくい事柄だと思います。私も2人の娘をもつ保護者ですが、保護者にとっても評価とはブラックボックスだと感じます。

　しかし、私は本書で評価の手の内をさらけ出してきました。

　手の内をさらけ出すことは、きっと教育界にとってプラスになるだろうと信じているからです。7つの姿がきっかけとなり、算数科の評価についての議論がもっと活発になることを願っています。そして、どこかで読者の皆様とお会いし、算数談義に花を咲かせることができる日を楽しみにしています。

　この本を読んでくださり、本当にありがとうございました。

　この場をお借りして、感謝の思いを述べさせていただきます。本書を書くきっかけとなったのは、憧れの樋口万太郎先生の「本プロジェクト」の企画でした。ずっと万太郎先生の背中を追いかけてきました。まだまだ駆け出しの私の案をプロデュースしてくださることが決まったときは、夢だと思いました。

また、東洋館出版社の北山俊臣さんは、拙い私の文章を丁寧に読んで的確な指摘をしてくださいました。やりとりをする中で、とても勉強になりました。お二人のおかげで、本書を世に出すことができました。本当にありがとうございました。

　この本は、多くの仲間との研究がなければ生まれていません。同僚の先生をはじめ、一緒に働いてきた先生たち、名数研の先生、教育実践研究サークル「群青」のみんな、ここには挙げきれない私と関わりのあるすべての人にも感謝の思いを伝えたいです。ありがとうございました。

　また、私と授業を通して学んできてくれたすべての子どもたち、温かく見守ってくださった保護者の皆様に対しても感謝の思いでいっぱいです。ありがとうございました。これからも、楽しい算数をしましょう。

　最後に、私の夢を応援し支えてくれた妻と、毎日私の帰りを待ってくれている二人の娘たちへの言葉で本書を締めたいと思います。

　いつも、ありがとう。

2023 年 11 月　　松田翔伍

参考・引用文献

はじめに

文部科学省　国立教育政策研究所教育課程研究センター（2019）.「学習評価の在り方ハンドブック」.

https://www.nier.go.jp/kaihatsu/pdf/gakushuhyouka_R010613-01.pdf

（アクセス　2023/07/08）

第 1 章

西岡加名恵・石井英真編著（2021）.『教育評価重要用語事典』. 明治図書出版.

石井英真・鈴木秀幸（2021）.『ヤマ場をおさえる学習評価』. 図書文化社.

文部科学省（2018）.『小学校学習指導要領（平成 29 年告示）解説　算数編』. 日本文教出版.

第 2 章

文部科学省（2018）.　前掲.

中島健三（2015）.『復刻版　算数・数学教育と数学的な考え方』. 東洋館出版社.

盛山隆雄編著・田中博史監修（2020）.『板書で見る全単元・全時間の授業のすべて　算数　小学校 5 年下』. 東洋館出版社.

文部科学省　国立教育政策研究所（2012）.　平成 24 年度全国学力・学習状況調査（中学校数学 B）

https://www.nier.go.jp/12chousa/12mondai_chuu_suugaku_b.pdf

（アクセス　2023/07/08）

第 3 章

田中博之（2017）.『実践事例でわかる！　アクティブ・ラーニングの学習評価』. 学陽書房.

亀岡正睦・古本温久（2014）.『算数科授業デザイン「ふきだし法」』. 東洋館出版社.

堀哲夫（2019）.『新訂　一枚ポートフォリオ評価 OPPA：一枚の用紙の可能性』. 東洋館出版社.

森本隆史（2021）．『算数授業を子どもと創る　授業を変える言葉とかかわり方』．東洋館出版社．

「わくわく算数5」．新興出版社啓林館．

Yackel, E. & Cobb, P (1996). 「Sociomathematical norms, argumentation, and autonomy in mathematics. *Journal for Research in Mathematics Education*」27 (4). pp.458-477.

古藤怜・新潟算数教育研究会（2012）．『コミュニケーションで創る新しい算数学習：多様な考えの生かし方まとめ方』．東洋館出版社．

「わくわく算数3下」．新興出版社啓林館．

坪田耕三（2012）．『算数楽しく問題づくり』．教育出版．

樋口万太郎（2020）．『子どもの問いからはじまる授業！　6つのステップですぐ取り組める！』．学陽書房．

澤井陽介（2022）．『できる評価・続けられる評価』．東洋館出版社．

文部科学省：学習指導要領　なぜ、改訂するの？．
https://www.mext.go.jp/a_menu/shotou/new-cs/idea/index.htm
（アクセス　2023/07/08）

第4章

青山和裕（2015a）．「統計的問題解決を始めとする今後の統計教育に関する提案」，『日本科学教育学会年会論文集』第39巻，pp.83-86．

青山和裕（2015b）．「小学校統計指導における多変数データの利用について：知多市立旭東小学校での実践から」，『イプシロン』第57巻，pp.39-50．

日本健康運動研究所：［平衡性］チェック・・・閉眼片足立ちテスト．
http://www.jhei.net/exer/measurement/me04.html　（アクセス　2023/07/08）

著者紹介

松田翔伍（まつだ　しょうご）

愛知教育大学附属名古屋小学校教諭。

1989 年、愛知県名古屋市生まれ。名古屋市立熊の前小学校、名古屋市立御器所小学校を経て現職。学生時代に算数の奥深さを知り、算数教育の研究に目覚める。子どもが主体的に学ぶ算数授業の研究と実践に日々取り組んでいる。

名古屋市数学研究会、日本数学教育学会会員。

教育実践研究サークル「群青」代表。

算数科
主体的に学習に取り組む態度を評価する
7つの姿　20のアクション

2023（令和5）年 11 月 30 日　初版第 1 刷発行

著　者　　松田翔伍

発行者　　錦織圭之介

発行所　　株式会社　東洋館出版社
　　　　　〒 101-0054　東京都千代田区神田錦町 2-9-1
　　　　　コンフォール安田ビル 2 階
　　　　　代表　　　TEL：03-6778-4343　FAX：03-5281-8091
　　　　　営業部　TEL：03-6778-7278　FAX：03-5281-8092
　　　　　振替　　00180-7-96823
　　　　　URL　https://www.toyokan.co.jp

［装　丁］中濱健治
［イラスト］パント大吉
［印刷・製本］藤原印刷株式会社

ISBN978-4-491-05098-0　　Printed in Japan